Introduction to
International Economics

国際経済学
入門

井尻直彦・羽田 翔・前野高章・陸 亦群

［著］

文眞堂

はしがき

　なぜ自国で生産できるものを外国から輸入するのでしょうか。皆さんの中には「輸入品に自分の仕事を奪われてしまう」と輸入の増加を恐れる人もいるでしょうし，また，輸入に頼りすぎていると安全保障上の問題が生じると危惧する人もいるでしょう。他方で，「円安は輸出を増やすので日本経済にとってプラスになる」という意見を目にします。人々は，輸入に依存することに不安を感じる一方で，輸出が増えることにメリットを感じているのではないでしょうか。実はこれは「輸出は善，輸入は悪」という重商主義の考え方です。この考え方は人々には理解しやすいのであろうと思います。

　果たして，この重商主義という考えに基づく経済行為は人々の生活水準を改善してくれるのでしょうか。この考えに従えば，輸出を促進する政策と輸入を制限する政策が望ましいとなります。これは自国を優先する保護貿易政策に他なりません。

　皆さんがこれから学ぼうとしている国際経済学は，この重商主義という考えを超えた，世界の人々の生活水準を改善する新しい視点を与えてくれるはずです。これまで国際経済学が見つけた知見は，輸出も輸入も人々の生活にとって善と言えると教えています。

　コロナ禍の経済低迷期に日本政府も経済安全保障という言葉を用いて，サプライチェーンの国内回帰や中国依存度の低下を促そうとしています。先進諸国が安全保障を理由とし，関税を課すなど自国を優先する保護貿易政策を採る傾向にあります。この傾向はドナルド・トランプ氏が米国大統領に選ばれてから色濃くなったと言えます。そして，2019 年末から世界経済に生じたコロナ禍によるショックにより，一部の国ではマスクなどの衛生・医療用品の輸出を制限する事態が生じました。日本などマスクを輸入に依存していた国は必要な量を確保することが困難となり，またマスクの販売価格が急上昇しました。マスクの国産化を求める声が上がり，実際にマスクの国産化を進めた国も少なくあ

りません。さらに，2022 年 2 月，ロシアによるウクライナ侵略が突如発生し，エネルギー，食料の安定供給に大きな問題が生じました。一方で，人権問題を抱えた商品の輸入を問題視する意見も強くなってきています。このように国際経済は，様々な社会問題により混乱することになります。

　私たちの国際経済を安定化させるのは，世界のより多くの人々に国際経済学が伝えているメッセージを正しく理解してもらうことが必要ではないでしょうか。筆者らは，より多くの人々に国際経済が進むべき方向を理解してもらうことを願って本書を執筆致しました。こういう不安定な時代だからこそ，国際的な経済取引の利益について今一度冷静に考えてみてもらいたいと思います。

　本書の構成は次の通りです。第 1 章は国際経済学の理解に必要な貿易理論や経済政策の学修に入る前に，国際経済とそれを説明する理論の形成に深く結びついた世界経済の発展過程について整理しています。第 2 章から第 6 章は国際貿易理論について整理しています。第 2 章ではリカードモデルについて説明し，国際間での生産技術の違い，つまり生産費用の差が比較優位を決定して，そこから貿易の利益が生じることを検討しています。第 3 章ではヘクシャー・オリーンモデルについて説明し，国際間の生産要素賦存比率の違いが比較優位を決定して，貿易の利益が生じることを検討し，いくつかの重要な定理について確認しています。第 4 章は労働や資本といった生産要素の国際移動がもたらす影響について理論的に検討しています。第 5 章は戦後の国際貿易の特徴の一つといえる産業内貿易について説明し，不完全競争を取り入れた新貿易理論や企業の異質性を取り入れた「新」新貿易理論について検討します。第 6 章は自由貿易の阻害要因でもある貿易障壁を説明し，関税障壁やそれ以外の貿易政策が経済に与える影響について検討します。第 7 章から第 10 章は国際マクロ経済学に関する内容となります。第 7 章は国際通貨制度の変遷を確認するとともに，国際収支の構造に関する基本的な知識を整理します。第 8 章はオープンマクロ経済理論の基礎としてマンデル・フレミングモデルを説明し，金融政策や財政政策の効果について検討します。第 9 章は外国為替市場について説明し，外国為替相場の決定に関するメカニズムについて短期と長期の両視点から検討します。最後に，第 10 章は外国為替相場の変動が経済に与える影響について説明し，政府による市場への介入がどのような影響をもたらすのかを検討しま

す。

　最後になりますが，本書の作成にあたり多くの方々からの貴重なアドバイスを頂いたことを記させて頂きます。特に，我々執筆者一同を国際経済学という学問に導いてくれた加藤義喜先生（日本大学名誉教授）と本多光雄先生（日本大学名誉教授）からは多大な学恩を受けたことを御礼申し上げます。また，厳しい出版事情の中，本書を出版する機会を与えて下さった文眞堂社長の前野隆氏と，非常に限られた時間の中で編集の労を取っていただいた山崎勝徳氏ほか編集部の方々に心から謝意を申し上げたい。

　2023 年 1 月

執筆者一同

目　　次

第 1 章

グローバル経済における国際貿易[1]

　本章では，国際経済学の理解に必要な貿易理論や経済政策の学習に入る前に，国際経済とそれを説明する理論の形成に深く結びついた世界経済の発展過程について整理していきます。世界経済の形成と発展，2 つの世界大戦間期の世界経済の状況，そして戦後の世界経済から 21 世紀につながるグローバル化の時代などについて考え，これまでの世界経済がどのような発展過程を辿ってきて，どのような構造変化をしてきたかということをまとめていきます。

1-1　世界経済の生成と発展

(1)　世界経済の形成

　近代世界経済発展に大きなきっかけを与え，これを主導したのは西ヨーロッパでの経済発展と考えられます。その西ヨーロッパの経済発展の裏にはこれを可能にした政治や（宗教を含む）社会の変革があり，15 世紀末から 18 世紀にかけての大航海時代を経て，次第にひとつの市場として結び付けられていきました。西ヨーロッパ諸国の中でも特にイギリスは，ヨーロッパ大陸と海を隔てた西の外れにあり，比較的自前のペースで政治経済発展を実現できたこともあって，1588 年のスペイン無敵艦隊に対する勝利からちょうど百年後の 1688 年には名誉革命という政治革命を達成，さらに 1760 年代から 1830 年代にかけての産業革命により世界一の工業国になっていきました。

　19 世紀に入る辺りから世界貿易の量が飛躍的に増え始めるとともに，世界経済が急速に発展し，それからさらに数十年かけて世界経済が実質的に形成されていき，19 世紀後半辺りから世界経済と呼べるものが次第に姿を現わしてくることになりました。19 世紀後半になってイギリスに続き西ヨーロッパ大

陸諸国で産業革命が本格化すると同時に，自由貿易が世界的に広まりました。

　第一次大戦前までの世界経済の動きを整理しよう。第一次大戦前の最後の年（1913年）に至る約百年間の時期は，大きく捉えるとイギリスの政治的・経済的覇権の時代であり，イギリスの下での平和の時代，つまりパクス・ブリタニカと言われる時代でした。そして，そのイギリスのリーダーシップの下での自由貿易時代でもありました。この時期の世界経済では国際間の自由貿易の動きにある程度先行し，また同時にある程度重なりながら国民経済は段階的な統合が進みつつありました。もちろんすべての国や地域で統合的な動きが同時に生じたわけではありません。国民経済統合の波は国や地域によりその時期は異なります。イギリスでのその波は比較的早く実現し，フランスではフランス革命の過程で18世紀末までにヒトやモノの移動に対する障壁の多くがとり除かれ，アメリカでも独立戦争（1775〜83年）の結果，13州間で巨大な自由貿易地域が形成されました。さらに約半世紀遅れて，イタリアは1861年に国家統一をし，ドイツでは1834年になって初めて国内で関税の撤廃をするための関税同盟が結ばれて，政治的にドイツが一国になるのは1871年の対仏戦争（いわゆる普仏戦争）勝利後のことです。日本の場合，江戸時代に政治的統一は出来ていたとされるかもしれませんが，近代政治体制としての本格的な統合は1868年の明治維新ということになるでしょう。

　こうした国民経済の統合が見られた一方で，国際経済間の自由化による世界経済への統合も1846年のイギリスの穀物法廃止に始まり，1860年の英仏間のコブデン・シュヴァリエ条約をきっかけにヨーロッパ全体に自由貿易によって波及していきました。この自由貿易の動きは1870年代に最高潮に達しましたが，1878年にはドイツが保護関税政策に転じるなど若干の変化が生じてきました。この頃から植民地争奪戦も激化し，帝国主義的傾向も強まっていきましたが，第一次大戦までの時期の世界経済は概して自由貿易が支配的だった時代といえるでしょう。

(2)　第一次世界大戦の世界経済への影響

　両大戦間期の1920年代の世界経済の動きを確認するまえに，まず，第一次世界大戦が世界経済に与えた影響を整理しよう。1つ目の特徴として，世界経

済に一種の断層的変化が生じたと考えられます。具体的には，パクス・ブリタニカの主役だったイギリスの世界経済における地位が相対的に大きく低下したことがあげられます。新たに主役として登場したのがアメリカでしたが，アメリカは国際経済経験に乏しく，しかも経済構造の違いもあってその行動パターンもかなり異なっていました。イギリスが大戦でかなりの経済力を消耗したのに対し，すでに 1880 年には世界一の工業力を保持するにいたっていたアメリカは，戦後は貿易額でもイギリスと肩を並べるまでになりました。しかも，大戦を境に債務国から逆に債権国に変わり，大規模な国際投資が可能な唯一の国となって，国際経済の場で第一の経済的地位を獲得するにいたりました。しかしながら，イギリスのように本国が比較的小国で，世界経済と融合していた国と違い，国内経済の規模が大きく，しかも国内に大きな発展の余地があったアメリカは国内経済重視の政策をとりがちでした。

　次に，戦後賠償と戦時債務処理の問題がありました。戦後賠償は支払い能力を無視したひどく巨額のものが課せられた結果，経済的にばかりでなく，政治的にもきわめて好ましくないとされる影響を残しました。第一次大戦後，連合国は主としてアメリカに対してかなり巨額の戦時債務を負っていましたが，他方で，フランスとイギリスを中心とする他の連合国は敗戦国ドイツに対して天文学的といわれた巨額の戦後賠償を要求しました。戦時債務についてアメリカはこれを純商業的な債権として確実に支払われることを当然のように要求し，ヨーロッパの連合国，特にフランスは超巨額の賠償によって宿敵ドイツを徹底的に搾取しようとしました。敗戦で疲弊しているドイツにはそれに対応できる支払い能力があるはずもなく，ドイツ経済は困窮し，ハイパーインフレを起こすなどしたため，賠償支払いの合理化が 1924 年のドーズ案と 1929 年のヤング案の 2 回にわたり実施されましたが，それでもドイツは外債発行による対外借入れに頼るという問題を残すやり方に頼っていました。何れにしても経済学的に大きな疑問符がつくやり方であり，政治的にも非常に悪い影響しか残さない結果となりました。

　さらに，大恐慌前のこの時期には気になる状況も観察されました。上述したように，超過重な賠償義務を果たすためと，その過程で起きたハイパーインフレに対する過敏な反応からドイツの経済政策が自虐的といえるほど強いデフ

レ・バイアスになったということがありました。そのほかにも大不況に先立つ
やや不吉な現象としては，関税が多くの国で第一次世界大戦前よりもかなり高
くなりつつあったこと，1920年代を通じて失業率がやや高い国が多かったこ
と，そしてアメリカの株価が1924年から1929年の間にやや投機的といえる約
2倍の水準に上昇していたことがあげられます。このように1920年代の世界
経済にはさまざまな不調整があったことは確かであり，経済の基礎的環境の悪
化が続きました。

(3)　大戦間期の世界貿易の低迷

　イギリスは，世界経済と融合した経済として19世紀の世界経済をリード
し，1913年までの世界貿易は1820年の約5億5000万ドルから1913年の約
200億ドルへと順調に伸びたとされています。しかしながら他方で，国民経済
の統合はナショナリズム（民族主義）を強調することになりました。ヨーロッ
パの民族主義は18世紀末のフランス革命からそれに続くナポレオン戦争の時
期のあたりをひとつの契機として強まりつつありましたが，イタリアやドイツ
における1860年代以降の国民経済統合はその民族主義の勢いを大きく強める
ことになりました。さらに，植民地支配の拡大は一部諸国では進行していき，
植民地支配をめぐる帝国主義的な動きを強めることになり，列強体制と呼ばれ
る近代帝国主義的な志向が強まっていきました。その背景には，ヨーロッパ諸
国で産業革命が進行する中で工業生産力の増大とそれにともなう人口の急増や
経済構造変動による労働力の捌け口を求めようとする圧力や，資源供給地の保
有という理由がありました。ヨーロッパにおいても独仏関係を中心に列強間の
対立関係が深まり，特にドイツの経済力が高まっていくにつれてドイツ＝オー
ストリア同盟と周辺諸国との不安定な二極構造が形成されていき，1914年7
月に，4年半におよぶ第一次世界大戦が始まることになりました。

　2つの世界大戦間の時期の世界経済について特徴を整理しよう。その時期の
世界経済は，1929年秋以降から始まった大恐慌とそれに続く大不況の十年間
に象徴されているといってよいでしょう。その影響は特に貿易面に強く現わ
れ，この期間の世界貿易は著しい停滞と貿易圏の分裂を経験することになり
ました。その貿易期の不振ぶりを表1-1および図1-1で確認しよう。図1-1は

表 1-1　世界貿易の諸指標の推移（1913〜1964 年）（1929 年＝100）

年	輸出金額指数	輸出単価指数	輸出数量指数
1913	60	81	74
1920	95	176	54
1921	59	108	55
1922	65	111	59
1923	72	109	66
1924	84	110	76
1925	95	114	83
1926	90	106	85
1927	95	103	92
1928	99	104	95
1929	**100**	**100**	**100**
1930	80	86	93
1931	57	66	86
1932	39	52	75
1933	35	47	75
1934	34	44	78
1935	35	43	82
1936	38	44	86
1937	45	47	97
1938	40	45	89
1947	92	103	90
1948	103	99	104
1949	103	92	112
1950	108	86	126
1951	146	105	139
1952	140	102	137
1953	142	99	144
1954	147	97	151
1955	160	98	164
1956	178	99	179
1957	191	102	188
1958	183	99	186
1959	194	97	200
1960	216	99	219
1961	226	98	230
1962	237	98	243
1963	259	99	262
1964	291	101	288

出所）1913 年は Woytinsky, W. S. and E. S. Woytinsky (1955), *World Commerce and Governments: Trends and Outlook*, New York, p. 39. 第二次世界大戦後については国連資料をそれぞれ参照。

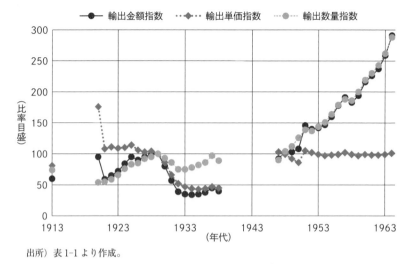

出所) 表 1-1 より作成。

図 1-1　世界貿易の諸指標の推移（1913〜1964 年）

表 1-1 をもとに図にしたものです。これを見ると世界輸出の輸出数量指数は第一次世界大戦後 1925 年まで急速に回復し，その後も 1929 年まで大体順調に増え続けていることがわかります。けれども，それから 1932 年まで急減（−25％）し，その後停滞しながら 1937 年にかけてある程度回復しますが，その 1937 年のピークも 1929 年の水準にさえ届くことはありませんでした。そして 1938 年には再び 10％近い減少を示すとともに，その翌年には第二次世界大戦に突入することになりました。これに対して第二次世界大戦後は 1960 年代にかけてきわめて順調に伸びていることが分かります。同じように，輸出金額指数をみてみよう。その動きをみると，世界輸出額は 1929 年のピークから 1933 〜1935 年の底にかけて激減しているのがみてとれます。つまり，この 3 年間の世界輸出額は 1929 年の 34〜35％と，3 年ほどの間に約 3 分の 1 近くに収縮したということです。この期間の世界貿易の収縮過程は劇的なものであり，1930 年に入ってから 1933 年にかけて世界経済がまさに奈落の底に落ちていったことがわかります。

(4)　大恐慌から大不況へ

世界大恐慌は 1929 年 10 月 24 日木曜日，ニューヨーク株式市場の大暴落か

ら始まりました。そしてこのことは当時すでに不穏な気配を示していたヨーロッパからの大量の資本の引き上げを通じて恐慌を世界的に波及させることになり，それがそのまま世界大不況につながっていきました。世界経済は 1931年になるとやや落ち着きをとり戻したかにみえましたが，同年 5月のオーストリアの商業銀行クレディット・アンシュタルトに対する銀行取付けをきっかけにヨーロッパ大陸に金融恐慌が発展していきました。事態の厳しさに気付いたアメリカのフーヴァー大統領はその年の 6月，賠償や戦債（戦時債務）を含めてすべての政府間債務について一年間のモラトリアム（一時的支払い猶予）を提案し，これを各国とも受け入れて金融恐慌の進行は一時抑えられるかに見えました。しかし，状況はそれほど好転せず，金融恐慌は同年 7月にはドイツを襲い，それはまたドイツに資本供与していたロンドンの信用基盤を揺るがすことになり，遂にイギリスは金本位制離脱に追い込まれ，その結果として為替相場を実質的に大幅に切り下げることになりました。しかし，両国とも依然としてデフレ政策を続けたため，やがてアメリカの国際収支に圧力をかけることにつながり，金融恐慌はアメリカでも荒れ狂うことになりました。こうして世界経済は立ち直りの機会を掴めないまま大不況の深みにはまっていったのです。

　このような世界大不況の過程において各国のとった政策は対外的には金本位制離脱を含む為替切下げ競争（為替戦争），関税引上げ競争（関税戦争），そして一部の国では一種の管理貿易である為替割当といったお互いが首を絞め合う類いの近隣窮乏化政策を実行してしまいました。他方で，国内政策はどうだったかというと，不況による政府歳入の不足に合わせて歳出を削減し，結果として却って不景気を激化させるといった逆効果の政策が採られる場合も少なくありませんでした。つまり，この時期のデフレ・スパイラル過程において，M. フリードマン（M. Friedman, 1912-2006）らマネタリストの重視する通貨供給の適切な管理，あるいは J. M. ケインズ（J. M. Keynes, 1833-1946）が主張したように主として財政政策手段による有効需要の維持，の何れが望ましいかの議論は別として，何れかの政策がとられていたとしたら，それだけでも 1930年代の世界経済はかなり違う方向に動いていたかもしれません。こうした国内経済政策の失敗は対外的な近隣窮乏化政策という好ましくないやり方を大きく助長したといえるでしょう。対外および国内経済政策のまずさに加えて，当時

の経済制度には国内，国外の両面で弱点があったとされ，金融面において，ほとんどの国で銀行制度が信用危機に対してひどい脆弱性をもっていました。特に，アメリカの場合，無数の小規模の銀行が信用不安に対して無防備なままに置かれていたため，金融恐慌は手に負えないほどのものになり，結果的には，1929年に約2万5000を数えたアメリカの銀行は1933年には1万4000にまで激減していました。

　フーヴァー大統領によるモラトリアムも限定的な効果しかみせず，こうした厳しい不況が続く中で1932年には第一次世界大戦の賠償問題を改めて検討するための国際会議がスイスのローザンヌで開かれ，世界経済にとって重大な負荷になっていた対ドイツ戦後賠償がようやく事実上キャンセルになり，これとともに戦債問題も実質的に棚上げになりました。その後1933年にはロンドン世界経済会議が開かれ，この会議は国際通貨制度の改革によって物価を引上げて経済を安定させるとともに，貿易障壁の削減・撤廃によって国際貿易の回復を試みるといったことを意図していました。けれども，この会議の開催に主導権をとっていたアメリカ自身が会議を前にして金本位を停止したり，国内の景気回復を最優先するニュー・ディール政策を追求したりするなどし，各国の利害対立によって会議は期待されていた結果には程遠いものとなったのです。

(5)　世界経済の分裂と経済のブロック化

　世界経済が厳しい不況から脱出できない中，世界経済を分裂させる動きが強まっていきました。そこにはその重要な背景として19世紀後半辺りから強まり，第一次世界大戦を経て，潜在的には却って強化されてきた列強体制という近代帝国主義の存在がありました。そして，特にドイツに対する苛酷な賠償要求は列強間の国際関係を一段と悪化させることになりました。

　その結果，世界は経済のブロック化が進むことになりました。実際に，1932年のロンドン世界経済会議が開かれたときには，イギリスは約100年近く続いた自由貿易の伝統を破って保護関税を採用していただけでなく，オタワ協定により英連邦特恵関税というイギリスの旧植民地独立国，自治領，植民地の大部分との間で相互に域外よりも大幅に低い関税（あるいは無税）をかけて実質的に市場の囲い込みを目的とした制度を設け，またイギリスの金本位制離脱は通

貨領域としてのスターリング・ブロックの自然的な形成につながっていきました。ドイツは為替管理をもとに二国間の貿易均衡を計る双務協定を東南ヨーロッパ諸国と結び，これに政治・軍事同盟をからませた広域経済圏を形成しました。また，フランスも 1933 年に形成した弱い通貨圏としての「金ブロック」が 1936 年に崩れた後は，改めて植民地を集めて「フランス連合」を形づくりました。さらにブロック化の動きはアジアにおいてもみられ，日本は植民地の朝鮮半島や台湾などに加えて，1936 年から 1937 年の満州事変によって日本が建国した満州国（中国東北部），それに 1937 年以降の日中戦争での中国占領地を含めた日満支経済ブロックの結成，さらにはこれに東南アジアを加えた大東亜共栄圏構想という広域経済圏の形成を目指しました。

　このように世界経済は列強諸国による経済圏の囲い込みというブロック化傾向を強めることになりました。アメリカにも同様の動きがありました。アメリカは 1934 年には互恵通商協定法を成立させて他国との互恵的な関税引き下げの努力をしましたが，結果的にはラテン・アメリカの一部の国との結びつきを強めることに役立っただけでした。アメリカの保護貿易の動きをもう少し詳しく見てみましょう。図 1-2 は 19 世紀末から 20 世紀半ばまでのアメリカの世界からの輸入額と輸入関税率の推移を示しています。1914 年の第一次世界大戦頃からアメリカの輸入関税率は 20%弱まで引き下げられ，世界からの輸入額が上昇していました。しかし，アメリカは 1922 年のフォードニー・マッカンバー法（Fordney-McCumber Law）により国内産業保護を目的に輸入関税率を 40%近くにまで引き上げ，輸入を抑制しました。この保護貿易的政策は，アメリカに輸出をしていたヨーロッパに大きなダメージを与えたため，ヨーロッパの反発を招き，その報復としてアメリカ製品に対する輸入関税を大幅に引き上げました。そして，1929 年にアメリカ・ウォール街の株式市場の大暴落に端を発した世界大恐慌に際して，アメリカは国内産業保護を目的に 1930 年にスムート・ホーリー法（Smoot-Hawley Tariff Act）を成立させ，輸入関税率をさらに引き上げました。このように戦間期（第一次と第二次の世界大戦の間）に，当時の先進国である，アメリカ，ヨーロッパは保護貿易政策を強めていきました。アメリカの輸入額が 1920 年の水準に戻るのは，第二次世界大戦後の 1947 年でした。

　両大戦間期の約20年間のうち前半の10年間の1920年代は比較的順調な戦後回復と平時的な発展を遂げたかに見えますが，そこでも少なくともいくつかの不調整が生じていたし，何よりも対ドイツ戦後賠償に対アメリカを中心とした戦時債務問題が絡まって国内政策および国際経済政策が異常に歪んだ形になっていました。そして1930年代になると，経済的無知や政治的愚行がさらに目立ってきて，世界経済の事態は悪循環に陥りました。

　この保護貿易政策は，自国経済を優先するために，輸入関税などの貿易障壁を高めて自国の輸入量を減少させることを目的にしています。しかし，これは貿易相手国に報復的な対抗措置を惹き起こし，結果的に両国で貿易障壁が高まり全体的な貿易を縮小させてしまうことになります。仮に貿易相手国に被害を与えることを目的としていなかったとしても，自国を優先する保護貿易政策は貿易相手国，ひいては世界経済に負の影響を与えてしまいます。国際貿易は自国のみならず貿易相手国にも正の経済効果を与えるWin-Winな経済行為で

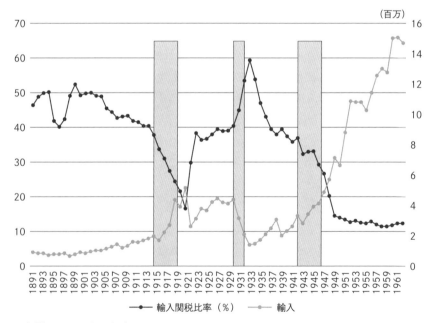

出所）US ITC（2022），"U.S. imports for consumption, duties collected, and ratio of duties to value, 1891-2021," Office of Analysis and Research Services.

図1-2　両大戦間期と保護貿易政策

す。国際貿易を通じて各国は互いに利益を享受することができます。各国は経済的に成長するためにも，国際貿易を促進すること，つまり自由貿易政策を採ることが望ましいと考えられます。大戦間期はまさにそれと逆の動きを取る国が多かったのです。

1-2 戦後の世界経済

(1) 戦後世界経済の主な特徴

はじめに，第二次世界大戦後の世界経済の回復について概観しましょう。戦後の世界経済は生産と貿易の拡大により経済を復興・成長させてきました。特に貿易規模の成長は生産規模の成長を大きく上回るもので，戦後の国際貿易の急速な回復は世界経済の成長に大きく寄与しました。世界貿易の拡大はある程度継続した成長をみせており，1958 年に一時的な後退があったものの，1950年頃から 1973 年頃にかけて順調に発展しました。この期間の世界貿易については，世界の工業生産や輸出数量などが拡大し，戦後の世界経済は急速な回復をみせました。特に，貿易の拡大が顕著であり，戦後の世界経済は生産よりもむしろ貿易が成長の源泉であったと考えられます。

次に，世界経済を先進国と発展途上国とに分けて考えてみましょう。表 1-2 は先進国（この場合旧ソ連，東欧，中国等を除いた世界）と発展途上国の戦後の十年間毎の経済成長率についてまとめたものです。先進国と発展途上国という大きな括りではあるものの，戦後から 1970 年くらいまでに高い成長率がみてとれます。その後，1970 年代以降の経済成長率は徐々に低下傾向となっています。同じ期間の世界の貿易も 1973 年あるいは 1970 年代初期から 1980 年代末にかけて，途中に二度のエネルギー危機による後退を経験しながら，発展速度にかなりはっきりした低下がみられるようになっていきました。この動きを整理してみよう。先進国の経済成長率は 1970 年代では 3.1 ％，1980 年代では 2.6 ％という数値ですが，それ以前の 1950 年代や 1960 年代に比べて低下傾向となっています。発展途上国の場合，1960 年代，1970 年代とかなりの高成長の後，1980 年代には成長率を大きく下げています。これは東アジアや東南アジア地域の成長と対照的にラテン・アメリカやアフリカ地域の停滞といった

発展途上国間での経済格差が強まったことが大きく影響しています。1980年代には旧ソ連・東欧地域の社会主義経済圏の経済の行詰まりもはっきりしてきました。

　1970年代以降の経済の不安定化には何よりも1973〜74年，1979〜80年の2回にわたるオイル・ショック，つまり石油危機の影響が大きく，このことを含めて70年代以降の世界経済にはそれ以前とは異なった状況が出現しているかに見えます。そのひとつの要因がオイル・ショックを引き起こしたエネルギー面の資源制約でした。またこの頃から地球環境全体を含む環境問題も成長制約条件に加わってきます。そのほかに先進国の場合には，経済の成熟ということが成長率低下の最も大きな要因になっていることは言うまでもありません。

　このように，1970年代以降の世界経済には若干の変調が認められるものの，第二次大戦後の世界経済は大体において順調な発展をしていて，生産面，貿易面とも両大戦間期はもちろん，第一次大戦前と比べても好調といえるでしょう。確かに1970年代から1980年代にかけての国際価格の高騰と不安定化には問題とすべきものがありますが，1930年代の価格暴落や生産と貿易の激減，10〜20％あるいはそれ以上といった高失業率といった経済状況とは比較にならないほど経済状況は好転しました。

　つづいて，世界経済の構造変化について確認しよう。戦後の世界経済における生産と貿易の回復とその後の発展速度は非常に特徴的なものがありました。その内容をみると戦後に一気に拡大した社会主義圏（共産主義圏あるいは中央計画経済圏）が出現し，その多くがかつて植民地であった発展途上国が世界経済に改めて登場し，それなりの独自な発展を示しだしたことなど，第二次大戦前とは質的に大きな変化をしました。また先進国自体も戦後経済体質を大きく

表1-2　世界の経済圏別国内総生産の推移（年平均成長率＝％）

経済圏　　　期間	1951〜1960	1961〜1970	1971〜1980	1981〜1990
先進市場経済	4.0	5.1	3.1	2.6
発展途上国	4.6	5.6	5.6	3.2
世界	4.1	5.2	3.9	2.9

出所）加藤・南・陸（2003）を参照。

変化させて安定した経済発展をするとともに，EC（現 EU）の域内貿易に典型的に現れている先進国間の相互貿易を飛躍的に増大させて新たな次元での発展段階を実現させていきました。

　社会主義国は，1917 年の十月革命によって旧ソ連が成立したときに世界で初めて出現しました。社会主義国が旧ソ連一国に限定されていた間は，この地域がヨーロッパ世界の東のはずれにある大国であり，しかも経済発展もかなり遅れていて外国貿易に対する依存度が比較的低かったこともあって，世界経済に対する直接的な影響はそれほど大きくはありませんでした。しかし，戦後における，西は東ドイツから東は北朝鮮に至るユーラシア大陸の広大な地域での社会主義経済圏の成立は世界政治にきわめて重大な影響をもたらすと同時に，世界経済のかなり大きな部分が市場経済から切り離されるという衝撃を与えました。それはまた世界で初めて社会主義経済圏内の貿易を，つまり社会主義経済圏内国際分業という新たな現象を発生させもしました。しかも，中でも戦後旧ソ連によって強引に社会主義国に組み込まれることになった東ヨーロッパ地域である中欧諸国は，西ヨーロッパとの経済関係が強く，その国際分業圏に大きく組み入れられていただけに，世界貿易のかなり大きな部分が市場経済圏から切り離されることになりました。似たようなことはもちろん東アジアについてもいえるでしょう。

　表 1-3 は主要経済圏同士の貿易規模を表したものです。この表にみられるように戦前の 1938 年において，戦後に社会主義経済圏に囲い込まれることになった同地域内の貿易が世界貿易に占めていた比率はわずか 1.1％に過ぎませんでしたが，その比率は 1948 年には 2.8％に，そして 1965 年には 7％台と大幅に高まっていきました。これに対してその多くが戦後に社会経済圏に囲い込まれることになったこのグループ諸国の市場経済圏（先進国と発展途上国）との貿易は 1938 年には世界貿易の 15％も占めていたのが，1948 年には 6.9％に落ち，その後かなり回復したものの 8％程度の低率にとどまりました。つまり，世界貿易の流れがこの社会経済圏の出現によって大きく変わったということです。こうして世界経済は自由な価格メカニズムから大きく離れた中央計画経済によって説明される異質的な地域を抱え込むと同時に，強力な反資本主義イデオロギーとこれを実行に移す強大な軍事力・政治力によって強力なパワー

表1-3　世界の主要経済圏間貿易の長期的推移（単位：億ドル，％）

輸出国	仕向地 年代	先進国 金額	先進国 構成比	発展途上国 金額	発展途上国 構成比	社会主義国 金額	社会主義国 構成比	世界 金額	世界 構成比
先進国	1938	104	44.4	35	14.7	12	5.3	152	64.7
	1948	236	41.0	113	19.7	15	2.6	365	63.5
	1965	957	51.3	270	14.5	50	2.7	1,280	68.5
	1989	16,758	54.2	3,933	12.7	751	2.4	21,763	70.3
発展途上国	1938	42	18.1	13	5.5	2	0.8	59	25.2
	1948	115	20.1	50	8.8	5	0.8	173	30.1
	1965	171	18.2	62	6.6	6	0.6	237	25.4
	1989	4,309	13.9	1,695	5.5	431	1.4	6,502	21.0
社会主義国	1938	18	7.5	3	1.4	3	1.1	24	10.1
	1948	15	2.7	4	0.8	16	2.8	37	6.4
	1965	47	2.5	29	1.6	132	7.1	217	11.6
	1989	831	2.7	503	1.6	1,280	4.1	2,685	8.7
世界	1938	164	70.0	51	21.6	17	7.2	235	100
	1948	366	63.7	168	29.2	36	6.2	575	100
	1965	1,265	67.8	375	20.2	211	11.1	1,864	100
	1989	21,289	70.8	6,132	19.8	2,491	8.0	30,950	100

注）世界には3つの経済圏以外の国を含むため経済圏の合計ではない。
出所）加藤・南・陸（2003）を参照。

を発揮する特異な経済圏と資本主義・市場経済圏との間での，東西対立あるいは冷戦構造といわれた新たな国際緊張下に置かれることになりました。つまり，かつての列強体制に代わってアメリカに主導された市場経済圏あるいは自由主義圏と旧ソ連に主導された社会主義経済圏あるいは共産主義圏の二大対立構造が発生したのです。このことによって社会主義国はきわめて内向きの閉鎖的な経済圏になるとともに，市場経済圏の社会主義圏との経済関係もやはり著しく政治的要因の影響が強まることになりました。これは発展途上国に対する援助の面からも確認でき，軍事援助はもちろん通常の経済援助も，一時期までの東西援助競争を含めて非常に政治的な性格のものになるなど，第二次大戦後の国際経済関係に非経済的要因を持ち込む大きな要因となりました。

(2)　新しい世界経済秩序──IMF・GATT体制

戦後の世界経済体制について整理しよう。1944年7月，ブレトン・ウッズ協定が締結されました。この主な目的は，第二次大戦を招いた為替相場切り下げ競争やブロック経済の反省から，国際的協力による通貨価値の安定，貿易

振興と発展途上国の開発などを行うために，自由で多角的な世界貿易体制を構築することにありました。そこで決められたこととしては，アメリカドルと金の交換比率を金1オンス＝35ドルと定め，アメリカのドルに対し各国通貨の交換比率を定めたことがあげられます（金ドル本位制の確立です）。戦後復興のための国際通貨基金（International Monetary Fund：IMF）および，加盟国の一時的な国際収支赤字に対する融資や各国通貨の安定と為替取引の自由化のために国際復興開発銀行（International Bank for Reconstruction and Development：IBRD，通称世界銀行）が設立されました。日本は1952年にIMFに加盟し，日本円対米ドル為替レートは1ドル＝360円に固定されました。1947年10月には，世界貿易の自由化と安定化を目的に，関税及び貿易に関する一般協定（General Agreement on Tariffs and Trade：GATT）が合意され，1948年にGATT体制が発足しました。

　ブレトン・ウッズ体制は為替相場の安定，インフラ整備のための長期投資の促進，多角的貿易の自由化という3つの柱を軸に，それぞれの目標を達成するためにIMF，世界銀行，GATTという3つの国際機関を設立しました。国際通貨制度については第7章を参照してください。ここでは貿易の面から世界経済の変化を確認していきます。戦後の世界経済が復興を遂げ，成長を始め，世界貿易の拡大にとって果たした役割は極めて大きいものでした。ブレトン・ウッズ体制は戦後日本の経済復興にも大きく寄与しました。世界貿易の拡大と固定相場制を背景に，1950年代半ばから73年にかけて日本の高度成長期をもたらし，年平均10％を超える急速な経済成長を遂げました。しかし，1960年代になって，世界経済は復興を遂げるようになると，各国は輸出を増やしてドル不足を解消した結果，アメリカの国際収支や財政収支の悪化が続き，逆にドル過剰の状況となりました。そのため各国はドルをアメリカの金と交換（兌換）したゆえに，アメリカの金保有量は急速に減少していきました。アメリカは金保有量を上回る通貨供給が行われるようになり，同時に世界の国家間での貿易や国際資本移動がアメリカの金保有量の増加をはるかに超えるペースで増大し，金価格の高騰（ドルの下落）を引き起こし，やがて金ドル本位制の維持は困難になり，1971年8月15日，当時のアメリカのニクソン大統領はドルと金の交換を停止することを発表しました（ニクソン・ショック）。その後，

1971年12月にスミソニアン協定で先進工業国の為替レートは新たな水準（ドル円相場は1ドル＝308円）で固定されましたが，1973年には本格的に変動為替相場制に移行し，ドルを基軸とする国際通貨制度（ブレトン・ウッズ体制）が完全に終結するに至りました。

　次に，世界貿易システムについて整理しよう。戦前の保護主義的貿易政策やブロック経済化が第二次世界大戦の一因となったという反省に立ち，自由貿易体制の実現を目指して作られた条約がGATTです。1947年にスイスのジュネーヴで23カ国により締結され，1948年にGATT体制が発足しました（日本は1955年に加盟）。その後，事実上の国際機関として，世界各国が貿易自由化を促進するための交渉と意思決定の場として機能することになり，戦後の世界の貿易ルールはこのGATT体制の下で形成されていきました。加盟国は互いに輸入関税等の貿易障壁を引き下げるべく多国間交渉を重ねていきました。合意に至るまでの一連の交渉はラウンドと呼ばれ，表1-4にまとめてあります。初期のラウンド交渉は主に輸入関税を対象としていましたが，関税の引下げが進んでいくにつれて，また世界の貿易がより複雑になるにつれて，交渉のテーマは関税以外の貿易障壁ルールへと拡大していきました。

　1986年9月に始まったウルグアイ・ラウンドでは，サービス貿易や知的財産を含む過去に類を見ない多種多様な議題が交渉内容となりました。参加国の多さもあり，1994年4月にやっと参加123カ国によって合意されました。その内容のひとつは，国際貿易とそのルールに関する恒久的な国際機関としての世界貿易機関（World Trade Organization：WTO）の設立であり，1995年1月にWTOが発足するに至ります。GATTとWTOは国際貿易において一定のルールを決めて世界貿易体制の安定化を図っています。重要な原則として最恵国待遇（Most Favored Nation：MFN）の原則があります。これは，貿易においてすべてのWTO加盟国を同等に扱わなければならないという原則です。たとえば，アメリカが日本からの輸入車に対して3%の関税率を課す約束をした場合，アメリカは日本以外のすべてのWTO加盟国からの同種の輸入車に対して同じ水準の3%の関税率にしなければならない，というものです。もうひとつの原則は，内国民待遇の原則です。これは，いったん国境を越えて国内市場に入ってきた外国製品は国産品と同等に扱わなければならないという原

表1-4　ラウンド交渉

期間	ラウンド名（開催地）	交渉分野・テーマ	関税引下げ対象品目数	参加国数
1947	第1回（ジュネーヴ）	関税	45,000	23
1949	第2回（アヌシー）	関税	5,000	13
1950〜1951	第3回（トーキー）	関税	8,700	38
1956	第4回（ジュネーヴ）	関税	3,000	26
1960〜1961	ディロン・ラウンド	関税	4,400	26
1964〜1967	ケネディ・ラウンド	関税，反ダンピング措置	30,300	62
1973〜1979	東京ラウンド	関税，非関税障壁等	33,000	102
1986〜1994	ウルグアイ・ラウンド	関税，非関税障壁，サービス貿易，紛争解決手続き，WTOの設立等	305,000	123

出所）経済産業省HP（https://www.meti.go.jp/policy/trade_policy/wto/index.html）を参照。

則です。たとえば，日本で販売されている国産品に10％の消費税を課す一方で，日本国内で（一旦関税を課された）販売されている外国製品に対してのみ10％を超える高い消費税を課すようなことは認められない，というものです。これらの他にも公正な競争を促すルールや，貿易紛争を解決するためのルール，途上国の経済状況を配慮するルールなどWTOは多くのルールを設け，安定的な世界貿易体制の構築を試みています。

(3) 先進国間水平分業の発展

戦後の国際貿易の最も大きな特徴は先進国間貿易の急速な発展です。特に，先進国同士の双方向貿易の拡大が観察されるようになりました。戦前までの国際貿易においては，貿易の拡大は各国の相対的に優れた産業の比較優位にもとづいた国際競争を通じてそれぞれの国の比較劣位産業を犠牲にせざるをえず，それだけに国際分業の利益という果実を手に入れるには一定量の失業などの非常なコストを伴うものであると理解されがちでした。それにも拘らず，戦後における世界貿易拡大の最大の原動力となった先進国間貿易は先進各国にさしたる大きな犠牲をともなうことなく，概して順調な発展をもたらしました。

先進国間貿易がきわめて順調に発展した理由は，先進国間で水平分業といわれる新たな貿易パターンを通じて貿易が拡大したからです。それには戦後，か

つての列強体制下の基本的な敵対関係を解消して貿易自由化を進めるとともに，新しい環境下で両大戦間期と第二次大戦期にアメリカを中心に蓄積されていた技術知識が豊富に供給されたという基本的な状況変化があったことがまずあげられます。そして，この基本的に新しい国際環境下で先進国はその生産能力を十分に開花させ，供給面では生産構造の高度化・多角化，需要面では消費構造の高級化・多様化を実現させていきました。

　こうして，先進国経済は多かれ少なかれ同質化し，国内に安定した生産構造と市場構造をもった先進国間の貿易は需要供給の両面でお互いに吸引する関係になりました。各国は同一産業内で，競争を通じて，お互いに異なった品種や部品の間で分業することによって規模の利益を得る（供給面）とか，デザインとかちょっとした便利さといった同質商品の中での選択（需要面）のために貿易するといった，新たな段階で安定した双方向貿易をするようになりました。その結果が先進国間における同一産業内での工業品の貿易，つまり産業内分業の発展であり，戦前まではそれほど観察されなかった貿易パターンが先進国間貿易の典型的な姿となったのでした。こうした形の貿易は生産要素の価格や技術が同一段階に属する産業間で行われました。この新しい国際分業は，一方の国が原料や部品を供給し，他方の国が加工して付加価値の高い商品に仕上げるといった垂直分業と異なるので水平分業と呼ばれます。

　第二次大戦後における世界経済の大きな特色のひとつとして海外直接投資（FDI）という現象があります。海外直接投資とは外国に生産基地や営業基地を設けたり，そうした外国での事業活動に経営参加したりするタイプの投資のことです。第二次大戦前でも相当量の海外直接投資が行われていましたが，その主要部分は先進国による自国の植民地もしくはその勢力圏に対するものであり，しかもその主体はそれらの地域の資源開発やそのための鉄道建設，その他のインフラストラクチュア（社会間接資本）に対するものでありました。これはそうした投資が投資国による植民地経営や自国の工業化のための資源調達といった目的のためになされたことに加えて，海外直接投資は証券投資などと違って戦争などの危機に際して短期間に資産を回収することが困難であるため，自国の勢力圏内に投資しがちであったということが考えられます。

　第二次大戦後しばらくして海外直接投資が回復しはじめると，その流れにも

大きな変化が出てきました。それは貿易と同じく先進国間の海外直接投資が増え，産業分野も製造業中心になっていったことです。これにはすでに見てきたところから理解できるように，戦後における列強体制の消滅という国際政治環境の基本的な変化があったことがまず重要な点です。また交通通信手段の発展が企業の多国籍的展開を容易にしたことも重要な点になります。そして先進国経済の急速な回復と発展が先進国間貿易の急増と相まって進む中で，市場規模が急拡大している他の先進国市場への海外直接投資も盛んになっていきました。そのような動きはまず 1950 年代のアメリカからヨーロッパへの投資に始まって，1960 年代に入る辺りから製造業を中心に先進国相互間での投資が増えていきました。これには EC（現 EU）という巨大市場の形成が EC 諸国間の投資を増やすと同時に，その貿易に対する対域外障壁を乗り越えるためアメリカをはじめとする域外先進国の海外直接投資が刺激されたという事情もあります。この対外障壁を乗り越えることは EC に対するものに限らず海外直接投資増大の重要な理由のひとつになります。

　もちろん先進国の海外直接投資は発展途上国に対しても積極的に行われました。発展途上国では，投資に対する先進国の資本参加率を 50％以下に制限するなどの障壁も設けましたが，全体として先進国からの海外直接投資は着実に増加していきました。そして投資対象国の範囲も，かつての宗主国と旧植民地の密接な関係は依然ある程度残っていたものの，戦前までとは違って幅広く行われるようになっていきました。しかも，かつての先進国投資の主要部分を占めた原料供給地開発のための投資に加えて，あるいはそれ以上に，製造業を中心とする先進国向けの輸出産業の育成や発展途上国の地元産業の発展を目的とするか，それに寄与するタイプの投資が増えていきました。特に東アジア地域において 1980 年代以降輸出志向型の直接投資が活発になされており，この地域の経済発展の大きな原動力になりました。

　こうした海外直接投資の主体になったのが多国籍企業（Multi National Enterprise：MNE）といわれる，複数国にまたがって直接投資を行って経済活動を営んでいる大規模な企業グループです。この多国籍企業は戦前も石油メジャーなど一部に存在しましたが，戦後はさきのようなさまざまな理由から直接投資が増える中で，大企業は新しい環境を最も有利に利用して，その優れた

経営資源を生かして企業の多国籍展開を積極的に進めていきました。そしてその多国籍展開は必然的にそれら生産基地の間で，それぞれの利点を生かしながら分業関係を深め，一層促進することになり，いわゆる企業内国際分業を展開させていきました。これは先進国間の産業内分業の一面でもありますが，多国籍企業による企業内分業は発展途上国をも包含した分業関係を展開しているところにもうひとつの特徴があります。以上のような，貿易と投資の相乗効果により，21世紀には戦後の世界経済で観察された以上の国際取引が増加していき，またそれは同時に，経済力から見る戦後の国際競争力のバランスにも大きな影響を与えることになりました。

(4)　近年の新しい展開——グローバルバリューチェーン

戦後の世界経済は国際貿易と海外直接投資の拡大により大きく成長していき，グローバル化の時代になりました。貿易や投資を担うのは企業ですが，企業活動のグローバルな展開を可能とした理由は何でしょうか。それは広義の意味での貿易コストの低下です。2つの世界大戦と戦後の東西対立などにより貿易障壁は非常に高くなりましたが，その後は関税障壁などの削減・低下，自由貿易協定（Free Trade Agreement：FTA）や経済連携協定（Economic Partnership Agreement：EPA）の締結といった貿易自由化に向けた国際制度の調整，情報通信技術および輸送技術などの発達に伴う取引費用や輸送費用の削減などの経済での動きの変化からも分かるように，貿易障壁は低くなっていきました。

貿易コストの低下という経済現象は企業のグローバルな経済活動をより活発にし，それが国際分業構造を大きく変化させました。貿易コストが低下してきたことにより，企業は以前より容易にかつ円滑に海外進出を行うようになり，潜在的な市場の確保や安い労働力の調達などに加え，本国への逆輸入や第三国との経済取引のためのプラットフォームの設立など，より複雑な投資動機のもと，経済活動を行うようになりました。そこで新しい国際経済現象として，フラグメンテーション（fragmentation）と呼ばれる国際分業パターンが誕生しました。フラグメンテーションとは，FDIを通じて生産工程を分解し，越境して立地させる国際分業の形のことです。企業のFDIが活発になる以前は，

ある製品を生産する場合，一国内ですべての生産工程が集まっていましたが，1990年代以降は生産工程を分散させ，工程間を貿易で連結させ，最終組み立て地から世界市場に輸出するという国際分業が開始されました。そこでは企業が海外に現地子会社を設立し，自国の親会社と取引をする企業内貿易と，生産工程の一部を海外企業へ委託（オフショアリング）することを通じて国際取引をする企業間貿易の両方がサプライチェーンの中で活発に行われるようになりました。その結果，各生産工程で生産した中間投入物，いわゆる中間財が双方向で貿易されることにより，中間財貿易の急速な成長につながりました。そして，最終財貿易の拡大の速度よりも，中間財貿易の拡大の速度の方が早いという現象が生まれ，財貿易において最終財が一度だけ国境をまたぐという従来の国際分業と比べ，最終財を生産するまでに中間財が複数回国境をまたぐ現代の国際分業が国際取引の拡大につながり，先進国から新興国や途上国に至るまで貿易の恩恵を享受できるようになりました。その結果，このような継続した貿易や投資といった経済活動により，GVCs（Global Value Chains）が形成されるに至りました。

　グローバル化時代を迎えている今日，グローバリズムの波は国境を超え，都市を超え，モノづくりの生産活動の隅々にまで汲んでいます。国際分業構造の大きな変化により，いまでは国際分業は「モノ」の貿易から「タスク」の貿易へ変化していきました。このような国際経済環境において，自ら経済環境を整え世界経済のダイナミズムをキャッチし，どのようにして新しい国際分業の一翼を担うかが重要となります。現在の国際貿易は，原料から最終製品に至る生産工程を細分化し，部品・中間財が国境を越えて多角的に取引されるGVCsによって利益分配がなされる付加価値貿易の時代に入りました。貿易コストの低下と貿易・投資の自由化政策の結果，バリューチェーンはますます拡大しつつあり，このような国際価値連鎖の展開には，財・サービスや資本の国境を越えた円滑で効率的なフローを保証する貿易制度が決定的に重要となります。2つの世界大戦以降の世界経済の動き，国際貿易の動き，企業の動きなどからもすでに分かるように，自由貿易体制を守ることが自国経済の活性化に寄与することは明らかであり，貿易戦争は世界全体の経済厚生を損なう無意味なものとなるといえるのです。

注

1　この章での世界経済の動きについては加藤義喜・南雅一郎・陸亦群（2003）『国際経済論』日本大学通信教育部，第1章（加藤義喜日本大学名誉教授執筆）を採用し一部加筆編集したものであるが，文責は筆者のみに帰するものである。

第 2 章

国際貿易と技術：リカードモデル

得意なことに集中する

いまエクセルとワードの操作という 2 種類の作業があるとします。みなさんはどちらの作業が得意ですか。ワードでしょうか，エクセルでしょうか。国際経済学のレポートを書くときに，両方の作業が必要になることもあるでしょう。「ワードは得意だけどエクセルは苦手」という人もいれば，反対に「エクセルは得意だけどワードが苦手」という人もいるでしょう。不得意な作業には時間がかかってしまい，なかなかレポートが進まないかもしれません。もし誰かと共同でレポートを作成することが許されれば，それぞれが得意な作業を担当すれば，効率的にレポートを作成できるかもしれません。

実は，これこそ国際経済学が教えている「国際分業」です。各国は得意な作業に集中し，不得意な作業をパートナー国にお願いするほうが両国にとって効率的です。

さて，各国はどのようにして自らの得意な作業を見つけることができるのでしょうか。この方法を知ることが国際分業を理解する上でとても大事なことです。

2-1　貿易パターン：比較優位

各国の優位さ

各国の得意な作業とは何でしょうか。ここでは各国の得意な作業をその国の優位さであると考えましょう。具体的には，各産業の生産効率を優位さの指標としてみましょう。いま A 国と B 国の 2 カ国があるとします。両国はスマートフォンの研究開発と製造という 2 つの作業を行っており，両国ともそれ

ぞれについて同じ品質の作業を提供できます。ただし，各国はそれぞれの作業を完了するまでの時間が異なっています。たとえばA国はB国よりもスマートフォンの研究開発を短時間で完成させることができ，B国はA国よりも短時間でスマートフォンの製造をすることができるとします。この場合，A国は製造よりも研究開発がB国よりも得意であり，B国は研究開発よりも製造がA国よりも得意であると言えます。国際貿易が無い場合は，両国とも不得意な作業も自国で実施します。しかし，国際貿易があれば自国の不得意な作業（＝相手国の得意な作業）を相手国に任せて，得意な作業に集中することができます。A国は研究開発に専念し，B国は製造に専念し，お互いにその成果を国際貿易により交換することができます。こうして各国は自国が得意な経済行為を活かすことができ，その結果，両国は不得意な作業をしないで済むことから，時間を節約（＝同じ時間であればより多く生産）することができます。

　このように，各作業でどちらの国がより優れているかを「絶対優位」と呼びます。また，その反対を「絶対劣位」と呼びます。上記の場合であれば，A国は研究開発がB国よりも優れており，反対にB国は製造においてA国よりも優れています。このようなケースであれば各国ともに異なる作業に絶対優位を持っており，各国が異なる作業に集中し，苦手な作業を相手国に任せる，という国際分業が成り立ちます。

　ところが，必ずしもこの絶対優位で国際分業の発生を説明できるわけではありません。たとえば，A国がスマートフォンの研究開発と製造の両方においてB国よりも得意な場合，両国での国際分業が成り立たず，国際貿易が生じません。A国がB国よりもすべてにおいて絶対優位になっています。B国に得意なことがありません。世界を見渡すとアメリカのように他国よりも得意なことが多い国が実際に存在します。しかし，アメリカはすべての財を輸出しているわけではなく，多くの財を輸入しています。つまり，国際分業を実施しています。アメリカも自分の得意なことに集中していると言えます。

　ここで得意の判断基準を変えてみましょう。自国のなかでより得意なものを見つけてみましょう。A国はスマートフォンの研究開発と製造の両方がB国よりも得意ですが，研究開発と製造のどちらがより得意なのでしょうか。A国は製造よりも研究開発が得意であるとします。このときB国は両方ともA

国より不得意なのですが，B国のなかでは製造がより得意だとします。

　「得意なことに集中」するメリットは，不得意なことをやらないメリットです。より効率的な作業に集中し，それよりも効率性の低い作業をやらないですみます。1日に8時間の労働をするとき，得意な作業と不得意な作業を4時間ずつする場合と，得意な作業のみを8時間する場合では，どちらが作業の成果が多くなるでしょうか。得意な作業のみに集中した方が，より成果が上がります。つまり効率的です。この場合は，自分が不得意な作業をそれが得意な人に担当してもらい，自分の成果とその人の成果を交換することで両方の作業をより効率的に実施できます。選択と集中，そして交換です。

　B国はA国よりもすべてにおいて絶対劣位になっても，B国のなかでより効率的な作業は必ず存在します。絶対優位にあるA国の中でもより効率的な作業があります。こうして異なる作業により効率的である国同士が分業のパートナーになります。

2-2　リカード[1]モデル：生産要素がひとつの世界

　まずは生産要素がひとつだけの世界における財・サービスの生産費用の構造を考えてみましょう。生産関数が，投入する生産要素とそれにより産出される財・サービスの量の関係を示しています。同じ生産要素の投入量でも産出量が他国に比べて多い場合，この国はより高い技術を持っていると考えることができます。いま生産要素を労働だけとしましょう。同じ人数の労働者でもより多く生産できる国が他国よりも優れた技術（スキル）を持っていると考えられます。そのような国がその財の生産に絶対優位を持っていると考えられます。

(1)　生産効率の差：同じ労働投入量で生産できる量の差

表 2-1　生産量の違い

	A国	B国
X 財	10	8
Y 財	5	16

いま A 国と B 国の 2 カ国のみが存在する世界で，X 財と Y 財のみを生産し

ているとします。このとき，表2-1のような生産量の違いがA国とB国にあるとします。このときX財の生産量はA国が10単位，B国が8単位であり，A国のほうがより多くの生産量となっており効率的であるといえます。次にY財では，A国が5単位，B国が16単位であり，B国のほうがより多くの生産量となっており効率的であるといえます。つまり，A国がX財に，B国がY財にそれぞれ絶対優位を持っていると言えます。この場合，A国がX財の生産に特化し，B国がY財の生産に特化し，それぞれ作らなくなったY財，X財を輸入し，その交換としてX財，Y財を輸出することで，各国の優れた産業を両国で活かすことができ，国際貿易によって両国が利益を獲得することができます。

　このとき，仮に両国の労働者の給与が同額だとしましょう。A国のX財の1単位の生産費用はB国よりも低くなり，B国のY財の1単位の生産費用はA国よりも低くなります。つまり，完全競争を仮定しており，A国のX財が，B国のY財が，それぞれ相手国よりも安くなります。消費者は同じ商品であれば安いお店で購入します。すなわち，B国の消費者は安いA国産のX財を，A国の消費者は安いB国産のY財を購入しようとします。つまり，価格差により国際貿易が生じることになります。

　それでは，次に表2-2のケースを考えてみましょう。このケースでは，A国がX財，Y財ともにB国よりも生産量が多く，つまり安い生産費用となっており，価格が低くなっています。A国はX財，Y財の両方に絶対優位を持っています。これでは，表2-1のケースのように，生産の特化は生じません。国際貿易が生じるかわかりません。

表2-2　生産台数

	A国	B国
X財	10	8
Y財	5	2

　この表2-2のように，絶対優位をすべての国が必ず持っているわけではありません。ここで，相対的な生産費用の比較を用いてみましょう。

　A国ではX財10単位とY財5単位が同じ労働投入量で生産されるため，同じ価値を持っています。つまり，国内市場においてX財とY財は，2：1の

交換比率となります（X財2単位とY財1単位が等価交換される）。つまりX財の相対価格はY財で計ると0.5となります。同様に，B国ではX財の相対価格は0.25となります。反対に，A国のY財の相対価格は2，B国のY財の相対価格は4となります。したがって，A国のY財の相対価格はB国よりも安く，B国のX財の相対価格はA国よりも安くなっています。

国内市場での相対価格：交換比率

　このように相手国よりも安い相対価格の財に優位性を持っています。これを比較優位と呼びます。表2-2のケースであれば，A国はY財に，B国はX財にそれぞれ比較優位をもっています。このように絶対優位が無くても比較優位は生じます。つまり，各国は比較優位財（輸出財）の生産に特化し，それを輸出し，反対に比較劣位な財の生産を止め，それを輸入することによって，生産効率の改善と国際貿易の利益を獲得することができます。

(2)　生産費用の差

表 2-3　生産費用：単位労働投入量

	A国	B国
X財	10	8
Y財	5	2

（B国が両方の財の生産コストが低い。両方の財に絶対優位を有する。）

　今度は，モデル設定を少し変えてみましょう。表2-3の数値は，1単位のX財，Y財の生産に必要な労働投入量（単位労働投入量）を示しています。たとえば，A国ではX財1単位の生産に労働者10人が必要で，B国では8人必要である。Y財では，A国では5人が必要で，B国では2人必要である。この場合，A国の国内市場における交換比率は，X財1：Y財2となり，X財の相対価格はY財で計ると2となります。次にB国では，交換比率はX財1：Y財4となり，X財の相対価格は4となります。つまり，A国のX財の相対価格はB国よりも安くなり，A国がX財に比較優位を持つこととなります。反対に，B国のY財の相対価格（0.25）がA国の相対価格（0.5）よりも安くなり，B国はY財に比較優位を持つことになります。

2-3　国際貿易の影響：リカードモデル

(1)　貿易開始前

　上述の例を用いて，A 国，B 国の貿易開始前（自給自足）の生産・消費の均衡状態を考えてみましょう。いまひとつの生産要素で X 財と Y 財を生産しているとします。これを 2 国 2 財 1 生産要素モデルと言います。両国ともに労働力が 400 人であるとしましょう。このとき，A 国の生産・消費の状態は次の図 2-1 として描くことができます。

　A 国の生産可能曲線（Production Possibility Frontier：PPF）が示すように，X 財の生産に完全特化した場合は 40 単位（Y 財の生産量は 0 単位）で，反対に Y 財の生産に完全特化した場合は 80 単位（X 財の生産量は 0 単位）となります。ここで，労働の限界生産物 MPL（Marginal Products of Labor：MPL）とします。このとき，生産可能曲線の傾きは，X 財の単位労働投入量（あるいは MPL_Y）／Y 財の単位労働投入量（あるいは MPL_X）となります。ここで社会的無差別曲線を U とし，このなかでは U_1 で最大の効用水準を得ることができます。すなわち，A 国での貿易開始前の生産・消費の均衡は点 A となります。このときの X 財・Y 財の相対価格 P_A は，生産可能曲線の傾きと等しくなります。

　同様に B 国の貿易開始前の生産・消費の均衡を考えてみましょう。図 2-2 のように B 国の生産可能曲線を描くことができます。X 財の生産に完全特化

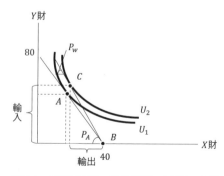

図 2-1　A 国の貿易前（自給自足），貿易後の均衡

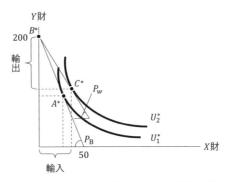

図2-2　B国の貿易前（自給自足），貿易後の均衡

した場合は50単位（Y財の生産量は0単位）で，反対にY財の生産に完全特化した場合は200単位（X財の生産量は0単位）となります。その傾きはB国におけるX財の単位労働投入量（あるいはMPL_Y）／Y財の単位労働投入量（あるいはMPL_X）となります。またこれがB国のX財・Y財の相対価格P_Bを示しています。両国の社会的無差別曲線は同じ形状をしているとすると，最大の効用水準を得られるB国の貿易開始前の生産・消費の均衡は点A^*となります。

　このように貿易開始前は両国の相対価格P_AとP_Bは異なっています。

(2)　貿易後：国際貿易の利益

　このときに国際貿易を自由化し，A国とB国が国際貿易を開始したとしましょう。国際貿易があれば，自国よりも安いものを外国から輸入することができ，反対に外国に自国よりも高く売れるものを外国に輸出することもできます。安い輸入品を購入できるのであれば，必ずしも自国で生産する必要はありません。もし安く輸入できる財の自国の生産量を減らすとすると，この財の生産を担っていた労働者はこの仕事を失うことになります。一方でより高い価格で輸出できる財の生産を増やすには，雇用する労働者数を増やさなければなりません。つまり，労働者は輸入産業から輸出産業へ移転することになり，完全雇用は維持されることになります。上述のようにA国にとってX産業が比較優位であり，Y産業が比較劣位です。すなわち，国際貿易が始まれば，比較優位産業の生産量が拡大し，比較劣位産業の生産量が縮小すると考えられます。

　次に A 国，B 国の貿易開始後の生産・消費の均衡状態を考えてみましょう。国際貿易が始まれば，各財の価格は世界全体の需要と供給のバランスによって国際市場で決定され，各国で同一となると考えられます。これを国際価格と呼びます。ここでは国際価格 P_w が両国の相対価格 P_A と P_B の間にあるとします（$P_A < P_w < P_B$）。

　この国際価格 P_w のとき，A 国が比較優位を持つ X 財の生産に完全特化し 40 単位を点 B で生産し，この国際価格で国内外にて販売し，比較劣位である Y 財を購入（輸入）します。国際価格となったことで A 国の消費者の実質所得は上昇しており点 C で X 財，Y 財を購入します。このとき国際価格において社会的無差別曲線は U_2 となり，U_1 よりも高い効用水準を得ることができます。

　一方，B 国はこの国際価格 P_w のとき，比較優位を持つ Y 財の生産に完全特化し 200 単位を点 B^* で生産し，Y 財を国内外にて販売し，比較劣位である X 財を購入（輸入）します。両国の社会的無差別曲線は同じ形状をしているとすると，最大の効用水準を得られる B 国の生産・消費の均衡は点 C^* となります。このとき国際価格において社会的無差別曲線は U_2^* となり，貿易開始前の U_1^* よりも高い効用水準を得ることができます。

　このように国際貿易は，各国に比較優位産業の生産量の拡大と比較劣位産業の生産量の減少という構造的な変化を促し，各国の比較優位を活かした国際分業により国レベルの生産効率の改善をもたらします。加えて，国際価格が導入され，より良い条件で財を購入できることから国際貿易後により高い効用水準を獲得でき，消費側の改善ももたらします。

2-4　相対価格，賃金水準

　各国において X 財，Y 財の各産業で賃金水準が異なっていたとすると，労働市場が完全競争状態で産業間の自由な移動を認められていれば，労働者はより賃金の高い産業に移動するでしょう。そして，この労働者の移動の結果，最終的には両産業の賃金水準は一致します。つまり，これ以上労働者の移動は発生しません。次の式（2.1）のように各産業の賃金 w は，労働の限界生産物（MPL）と価格を掛けた値として求められます。このとき，労働者は産業間を

自由に移動できるので，両産業の賃金は w で均衡します。

$$w = P_Y \cdot MPL_Y \tag{2.1}$$
$$w = P_X \cdot MPL_X \tag{2.2}$$

これらは w で均衡することから，次の（2.3）式に変形することができます。

$$P_X \cdot MPL_X = w = P_Y \cdot MPL_Y$$
$$P_X \cdot MPL_X = P_Y \cdot MPL_Y \tag{2.3}$$

さらに，この式を変形すると次の（2.4）式となります。

$$\frac{P_X}{P_Y} = \frac{MPL_Y}{MPL_X} \tag{2.4}$$

この（2.4）式の左辺は，Y 財の価格で評価した X 財の相対価格であり，右辺は生産可能曲線の傾きでもあります。また，これは2財の交換比率を示しています。これは先の図2-1からも確認できます。

両国の均衡賃金

上述の方法でA国，B国それぞれにおいて貿易開始前の賃金水準が決定されます。両国で各産業の技術水準が異なっており，そのため両国間では MPL が異なっていると考えられます。たとえば，X 財はA国のほうが高い技術・スキルを持っており，B国よりも高い MPL となっているとします。同様に Y 財においてもA国の MPL がB国よりも高いとします。つまり，A国が X 財，Y 財の両方に絶対的に高い技術・スキルを持っているとします。これを絶対優位と呼びます。このようにA国がB国に対して両産業に絶対優位を持っている場合，A国の均衡賃金がB国よりも高くなることが理解されると思います。このように高い技術水準はより高い賃金水準をもたらすと考えられます。

国際価格の決定

ある財の国際価格は国際市場における需要と供給のバランスによって決定されると考えられます。いまA国とB国の2カ国があるとし，X 財を各国それ

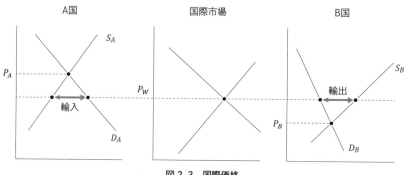

図2-3　国際価格

ぞれが生産し，消費しているとします。貿易が始まる前は，各国では国内市場
の生産・消費量を均衡させるように価格が変化します。図2-3に左からA国
の市場均衡，国際市場の均衡，B国の市場均衡が描かれています。いまA国
はP_Aで国内市場が均衡しており，B国市場ではP_Bで国内市場が均衡してい
ます。

　ここで国際貿易が始まると，X財の価格はA国，B国の需要の合計，供給
の合計の均衡によって決まると考えられます。これを図2-3の真ん中にある国
際市場の均衡が示しています。こうしてX財の国際価格はP_Wとなります。
このP_Wは，A国では貿易前の国内価格よりも安いため，A国の供給曲線に示
されているように国産品の生産量が減り，この不足する供給量の分だけB国
からX財の輸入が生じます。一方，B国では貿易前の国内価格よりも高いた
め，B国の供給曲線に示されているように国産品の生産量が増え，かつ国内需
要は減り，A国への輸出が生じます。X財においてA国の輸入量とB国の輸
出量は等しくなります。このように，国際市場において均衡価格が決定され，
その価格に対応してそれぞれの国が輸出，輸入を行います。Y財の国際価格も
同様の国際市場均衡によって決定されると考えられます。このように貿易取引
される財の価格は，国際的な需要と供給のバランスによって決定されるので，
国内市場の均衡価格とは異なる水準となり得ます。

注
1　デイビッド・リカード（David Ricard: 1772-1823）。

第３章

国際貿易と生産要素賦存：
H-O（ヘクシャー・オリーン）モデル

3-1　各国の優位性が生じる理由：相違

　各国にさまざまな違いがあり，それが国際貿易の利益を生み出しています。各国はお互いに「違う」からこそ，国際貿易等の経済交流を通じて相互に利益を享受することができます。典型的な例では，石油など天然資源が自国に存在していない場合でも，輸入することによってそれらを利用することができ，近代的な生活をおくることができます。

　先のリカードモデルでは，各国には利用できる技術水準に差があり，一方の国がより高い技術を，他方がより低い技術を有していると仮定しています。仮に，自国のすべての産業が他国よりも低い技術しか有していない絶対劣位にあるとしても，常に自国には比較優位を有している産業があるため国際貿易の利益を享受することできます。

　現実の経済においては，各国には技術水準以外にも，自然環境，国土の広さなどさまざまな違いがあります。これが財・サービスの生産に使用するさまざまな要素（生産要素）における各国の保有量の相対的な違いを生じさせます。これに注目し，ヘクシャーとオリーンの二人のスウェーデン人の経済学者は，各国に技術水準の違いが無くても比較優位の発生の可能性を示しました。これを彼らの名前から H-O（ヘクシャー・オリーン，Heckscher-Ohlin）[1] モデルと呼んでいます。この H-O モデルでは，各国の生産要素賦存の違いに着目し，資本と労働など複数の生産要素によって財・サービスが生み出される世界を考えます。もちろん財・サービスの生産には，天然資源などを使用しますが，これは資本により獲得することができます。つまり資本によって必要な天

然資源や資材，中間財などを購入することができるので，これらを資本とみなすことができるとします。

　複数の生産要素により財・サービスを生産するこの世界では，国レベルと財・サービスレベルにおいて「違い」が存在していることを前提としています。まず国レベルでは，各国の生産要素賦存度に違いがあり，次に財レベルでは，各財・サービスの生産要素集約度に違いがあることを想定しています。以下，それぞれの違いの意味を説明します。

(1)　国レベルの特性：生産要素賦存度

　各国に存在（賦存）している2つの生産要素の比率は生産要素賦存度と呼ばれています。これは次の①生産要素賦存比率と②生産要素価格比率，という2つの方法により示すことができます。

　①　生産要素賦存比率：K/L

　A国の資本賦存量，労働賦存量をそれぞれ K_A，L_A とし，B国の資本賦存量，労働賦存量をそれぞれ K_B，L_B とします。A国，B国の生産要素賦存度が次のような関係であるとします。

$$K_A/L_A > K_A/L_B$$

　これはA国の労働者1人当たりの資本量がB国のそれよりも大きいことを示しています。つまり，相対的にA国はB国よりも資本を多く保有しており，B国は相対的に労働を多く保有しています。このような場合，A国を資本豊富国と呼び，反対にB国を労働豊富国と呼びます。

　次に，生産要素賦存度を示す別の方法として，各生産要素価格の比率があります。これは，仮に両国で労働や資本に対する需要量が同じ場合に，資本の供給量が多い国では均衡において資本の価格（資本レンタル）が低くなり，労働の供給量が多い国では均衡において労働の価格（賃金）が低くなることを想定しています。これは，次のように表せます。

　②　生産要素価格比率：w/r

たとえば，両国の生産要素価格比の次のような関係であるとします。

$$w_A/r_A > w_B/r_B$$

この場合，A国がB国よりも相対的に資本豊富国であり，B国が相対的に労働豊富国であると言えます。つまり，A国では資本が豊富であるから相対的に資本レンタルが安く（w_A/r_Aが小さく），B国では労働が豊富であるから相対的に賃金が安く（w_B/r_Bが大きく）なります。

このように各国の違いは，生産要素賦存度の相対的な相違として示すことができます。

(2) 財レベルの特性：生産要素集約度

次に，各財・サービスレベルの違いを考えます。ここではX財とY財の生産要素集約度が異なっていると想定しましょう。この生産要素集約度は各財を1単位生産するのに使用する各生産要素の投入量の比率として示すことができます。いまX財1単位を生産するのに，資本をK_X，労働をL_X使用し，Y財1単位を生産するのに，資本をK_Y，労働をL_Y使用するとします。このとき，次のような関係が成り立つとします。

$$K_X/L_X > K_Y/L_Y$$

これは，X財とY財の生産要素集約度が異なっており，X財がY財よりも相対的に資本集約的であり，反対にY財を相対的に労働集約的であることを示しています。それぞれを資本集約財，労働集約財と呼んでいます。

H-Oモデルでは仮定より，リカードモデルとは異なり，各国には技術的な差異がありません。そのため，X財，Y財の生産要素集約度，K_X/L_XやK_Y/L_Yは，各国において同じになります。また各国の消費者の財・サービスの選好も同じであると仮定します[2]。

3-2　生産費用に国際的な差が生じる要因（比較優位）

上述のように各国では相対的に豊富な生産要素の価格が低く（安く）なり，

反対に各国では相対的に希少な生産要素の価格が高くなると考えられます。したがって，相対的に安い生産要素をより多く投入する財・サービスの生産コストが低くなり，相対的に安い生産要素を集約的に使用する財の価格がそれ以外の財の価格よりも相対的に安くなると考えられます。各国の生産要素賦存度が異なっていれば，各国において財の相対価格が異なり，比較優位が発生することになります。

　H-O モデルにおいて各国の比較優位の発生を確認してみましょう。各財の価格は1単位を生産する費用に等しいとします（完全競争の仮定：$P = MC$）。A 国における X 財の生産費用は，1 単位の生産に使用する資本量 K_X と資本レンタル r_A の積と 1 単位の生産に使用する労働量 L_X と賃金 w_A の積の合計になります。これが A 国における X 財の価格，P_X となります。これは次の式（3.1）として表すことができます。同様に，A 国における Y 財の価格は，式（3.2）となります。

$$P_X = w_A \cdot L_X + r_A \cdot K_X \tag{3.1}$$
$$P_Y = w_A \cdot L_Y + r_A \cdot K_Y \tag{3.2}$$

　一方，B 国では資本レンタル，賃金が A 国とは異なるので，X 財，Y 財を生産するのに必要な資本量，労働量が両国で同じであっても，両国の X 財，Y 財に価格差が生じることになります。B 国の X 財，Y 財の価格は以下の式（3.3）と式（3.4）になります。

$$P_X^* = w_B \cdot L_X + r_B \cdot K_X \tag{3.3}$$
$$P_Y^* = w_B \cdot L_Y + r_B \cdot K_Y \tag{3.4}$$

　さて，A 国の相対賃金が B 国よりも高く（$w_A/r_A > w_B/r_B$），X 財が資本集約財（$K_X/L_X > K_Y/L_Y$）という仮定から，

$$P_X/P_Y < P_X^* / P_Y^* \tag{3.5}$$

となります。この式（3.5）は A 国において X 財の相対価格が B 国よりも安くなっています。これは，A 国が X 財に比較優位を持ち，B 国が Y 財に比較優位を持つことを示しています。

3-3　相対賃金（賃金／資本レンタル比率）と生産要素集約度

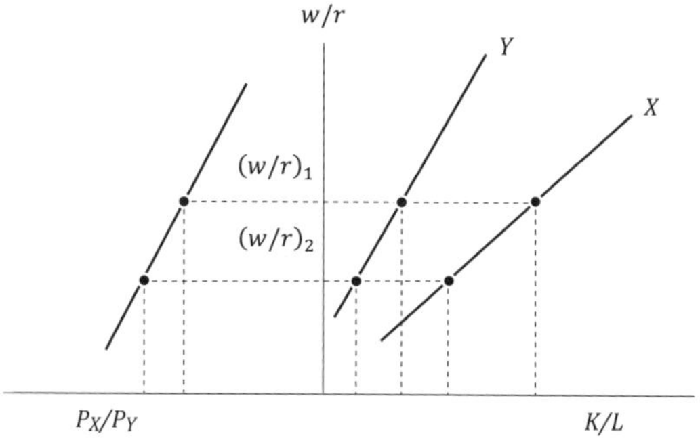

図 3-1　相対賃金（賃金／資本レンタル比率）と生産要素集約度，相対価格

　横軸に，それぞれの財の生産要素集約度が，縦軸には相対賃金が描かれています。資本レンタルに比べ賃金が高くなれば，縦軸を上方に動き，反対に資本レンタルに比べ賃金が安くなれば，縦軸を下方に動きます。ある相対賃金水準 w/r では，Y 財のほうが横軸では原点に近くなっています。これは Y 財のほうが X 財に比べて，労働集約的であることを意味しています。

　両財ともに，相対賃金の変化に応じて生産要素集約度を変化させます。相対賃金が低下し，労働が相対的に安くなれば，労働をより多く使用してそれぞれの財を生産しようとするため，生産要素集約度が上昇します。しかし，常に Y 財が X 財よりも労働集約的であることは変わりません。

生産要素価格と財価格

　相対賃金が上昇（資本レンタルに比べ賃金がより高くなる）するにつれ，Y 財（労働集約財）の相対価格が上昇すると考えられます。Y 財は資本よりも労働をより集約的に使用して生産されるので，労働の価格である賃金が相対的に上昇すると，Y 財の価格は X 財の価格上昇よりも速く上昇すると考えられます。そのため，Y 財の相対価格は相対賃金が上昇するにつれ上昇すると考えられます。この関係が図 3-1（左）に描かれています。

3-4　国際貿易の経済効果：経済厚生

　H-O モデルにもとづいて国際貿易の経済効果を考えてみましょう。いま A
国の生産可能曲線（PPF）が図 3-2 のように描かれるとします。A 国は使用可
能な生産要素（資本，労働）をすべて使った場合は，生産可能曲線上で X 財
と Y 財を生産できるとします。これは最大の X 財と Y 財の供給量の組み合わ
せを示していると言えます。

　同様に B 国の生産可能曲線を図 3-3 のように描くことができるとします。B
国は A 国とは異なる生産要素賦存度であり，そのため生産可能曲線の形状，
大きさが異なっています。ただし，両国の技術水準や消費者の選好（社会的無
差別曲線の形状）は同じです。

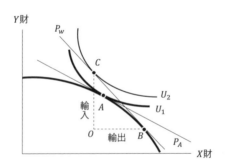

図 3-2　A 国の均衡の変化：国際貿易の影響

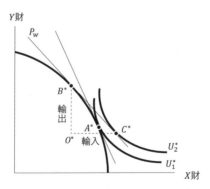

図 3-3　B 国の均衡の変化：国際貿易の影響

このような2国2財2生産要素モデルを用いて，国際貿易の開始前と後の経済厚生水準を比較してみましょう。

(1) 国際貿易開始前：自給自足

まず国際貿易が無い場合，A国は自給自足の経済です。つまりA国では国内で生産した分しか消費することはできません。よって両財の生産点と消費点はともに点Aとなります。このときの経済厚生の水準は，効用水準 U_1 として表されます。これは貿易が無い場合に獲得できる最大の効用水準となります。

同様にB国も自給自足の経済であり，両財の生産点と消費点はともに点 A^* となり，このときの効用水準 U_1^* となります。

(2) 国際貿易開始後

国際貿易を自由化し，A国とB国が国際貿易を開始すると，各国は国際価格 P_W（貿易後の相対価格）で国内外と取引をすることができます。この国際価格を，$P_A < P_W < P_B$ とすると，自国よりも安いものを外国から輸入し，反対に自国よりも高く売れるものを外国に輸出します。安い輸入品を購入できるのでこの財の国内の生産量は減少し，一方で高く売れる財の生産量は増加します。このためには労働者と資本は産業間を移動することになる。比較優位を持つ輸出産業へ，比較劣位である輸入産業から資本と労働が移動します。国際貿易が始まれば，比較優位産業の生産量が拡大し，比較劣位産業の生産量が縮小すると考えられます。

A国，B国の貿易開始後の生産・消費の均衡状態を考えてみましょう。国際貿易が始まれば，各国では同一の国際価格 P_W と直面します。この国際価格 P_W のとき，A国が比較優位を持つ X 財の生産量を増加し，比較劣位である Y 財の生産量を減少させます。このとき生産点は点Bで（不完全）特化しています。この国際価格で国内外にて販売し，比較劣位である Y 財を購入（輸入）します。A国の消費点は，貿易開始前の点AからA国の生産可能曲線の外側にある点Cに変化します。貿易開始により国内で生産可能な量以上に消費できるようになります。この国際価格 P_W においてA国の社会的無差別曲線は U_2 となり，U_1 よりも高い効用水準を得ています。

　ここで，生産点 B と消費点 C，それぞれから縦軸，横軸に向かう垂線の交点 O によって三角形 BCO を描くことができ，これを貿易三角形と呼びます。この貿易三角形の底辺が X 財の輸出量を，高さが Y 財の輸入量を示しています。

　一方，B 国はこの国際価格 P_w のとき，B 国が比較優位を持つ Y 財の生産量を増加し，比較劣位である X 財の生産量を減少させます。このとき生産点は点 B^* で（不完全）特化しています。この国際価格で国内外にて販売し，比較劣位である X 財を購入（輸入）します。B 国の消費点は，貿易開始前の点 A^* から B* 国の生産可能曲線の外側にある点 C^* に変化します。貿易開始により国内で生産可能な量以上に消費できるようになります。この国際価格 P_W において B* 国の社会的無差別曲線は U_2^* となり，U_1^* よりも高い効用水準を得ています。

　ここで，A 国と同様に，B 国でも貿易三角形 $B^*C^*O^*$ を描くことができます。この貿易三角形の底辺が B 国の X 財の輸入量を，高さが Y 財の輸出量を示しています。

　このように国際貿易は，両国（世界）にとってより望ましい経済厚生水準をもたらしました。それゆえ，各国にとって保護貿易政策よりも国際貿易を促進する自由貿易政策のほうが望ましいと考えられます。

3-5　H-O モデルの予測

　H-O モデルは，各国が国際的取引をしている世界において，国際貿易が発生するパターンや，国際貿易がもたらす影響，ならびに各国の経済的な初期条件の変化がもたらす影響について以下のような重要な「予測」を示しています。

(1)　貿易パターン：H-O 定理

　H-O モデルは，次のように国際貿易のパターンが生じると予測しています。各国は，相対的に豊富に存在している生産要素を集約的に使用して生産する財・サービスに比較優位を持ち輸出し，反対に希少な生産要素を集約的に使用

して生産する財・サービスに比較劣位となり輸入します。たとえば，資本豊富国は資本集約財を輸出し，労働集約財を輸入します。このような貿易パターンの発生を示すものが H-O 定理です。

レオンティエフ・パラドックス

　H-O 定理が示す国際貿易パターンが現実的であるのかを疑う研究成果が示されました。レオンティエフ（W. Leontief）[3] は，1947 年当時の産業連関表によりアメリカの輸出産業の要素集約度を計測し，アメリカが労働集約財を輸出していることを報告しました。これは資本豊富国であるアメリカは資本集約財を輸出する予測する H-O 定理と矛盾していることから，レオンティエフ・パラドックス（逆説）と言われています。

今日的なレオンティエフ・パラドックスの解釈

　このレオンティエフ・パラドックスは学界に論争を惹き起こり，さまざまな解釈が提示されました。今日ではおおむね次のように H-O モデルを修正することが有力視されています。たとえば，労働者には熟練労働者，未熟練労働者のような熟練度に違いが見受けられることから，各生産要素において技能・技術的な違いがあると考えます。このような視点から考えれば，レオンティエフの実証分析の結果は，アメリカには他国よりも相対的に高技能労働者が豊富に存在しており，それゆえ高技能労働集約財を輸出し，低技能労働集約財を輸入していたと考えることができます。このように H-O モデルを修正するとレオンティエフ・パラドックスは生じなくなると考えられます。

(2)　国際貿易の影響：要素価格均等化

　上述の H-O 定理は貿易当事国間の貿易発生パターンを示しています。また，国際貿易が発生した後に両国の生産要素価格に対して次のような予測を示しています。

要素価格均等化定理

　相対的に資本が安価である資本豊富国は，国際貿易があるため，資本集約財

の生産量を増やし，労働集約財の生産量を減少させることができます。このとき，資本の需要が相対的に増え，反対に労働の需要が減ります。それゆえ，資本の価格が上昇し，労働の価格が下落します。反対のことが貿易相手国である労働豊富国で生じます。その結果，両国にあった要素価格差は減少し，最終的には均等になります。

　国際価格が導入され，これは先の式（3.5）の右辺と左辺が等しくなることを意味しています。H-O モデルでは，仮定により両国では同じ技術水準であることから両国では各財の生産要素集約度が同じとなります。両国における貿易前の相違点は，賃金・資本レンタルの水準にありました。これが両国の相対価格の相違を生み出していました。ところが，国際貿易が始まると，国際価格で取引されるので両国の各財の価格は等しくなります。そのため，貿易後には両国の賃金，資本レンタルが同じになります。これを要素価格均等化定理と呼んでいます。

　この要素価格均等化定理の予測が正しいとすれば，貿易発生前には各国間の賃金水準に違いがあり，国際的には貧富の格差があったとしても，各国が国際貿易を開始していくにつれ，この格差が無くなっていくことを意味しています。先進諸国と発展途上国の間にある所得格差の問題は，国際貿易により解消されていくことになります。この意味では，この H-O モデルから導かれる要素価格均等化定理は重要であると考えられます。

(3)　国際貿易の影響：国内に生じる差——2つの定理

　前述の説明のように国際貿易は，自国と外国，両国にプラスの経済効果をもたらします。したがって国際貿易はゼロサム・ゲームではなく，プラスサム・ゲームであると言えます。つまり国際貿易は，貿易パートナー間では「Win-Win」となる経済取引です。それゆえ，世界は貿易量を減少させてしまう保護貿易政策ではなく，貿易量を増加させるために自由貿易政策を採ることが望ましいと言えます。一方で，国際貿易が国内に与える影響に注目すると，この H-O モデルから次のような勝者（Winner）と敗者（Loser）の発生が示唆されていることに気が付きます。

　まず，国内の産業間に生産量の増加と減少という対象的な影響が生じます。

各国の比較優位産業は輸出をするために生産量を増加させますが，比較劣位産業は輸入品に代替されるため生産量を減少させます。先のリカードモデルでは，完全特化が生じますので，国際貿易が発生した場合，比較劣位産業の労働者は比較優位産業に全員移動し，比較劣位産業の生産量はゼロとなります。H-O モデルでは，比較優位産業の生産量増加，比較劣位産業の生産量減少という少なくとも不完全特化が生じると考えています。国際貿易は両国にはプラスの経済効果をもたらします。しかし，国内においては勝者と敗者が生じています。

　これ以外にも H-O モデルは，国際貿易がもたらす影響や各国の経済的な初期条件の変化がもたらす影響について次のような重要な「予測」を示しています。上述の H-O 定理や要素価格均等化定理以外に次の 2 つの定理が存在しています。それぞれストルパー・サミュエルソン定理，リプチンスキー定理と呼ばれています。

　以下では，H-O モデルにおける前提条件が変化した場合に，それぞれのケースについてどのような影響があるかを検討します。

ストルパー・サミュエルソン[4]定理

　H-O モデルでは，貿易されている財価格が変化した場合，生産要素価格が次のように変化すると予測されています。

　ストルパー・サミュエルソン定理によれば，財価格が上昇した場合，その財の生産に集約的に使用される生産要素の価格が上昇し，反対に財価格が上昇していない財の生産に集約的に使用される生産要素の価格が下落する。たとえば，資本集約財の価格の上昇は，資本の価格を上昇させ，労働の価格を下落させる。反対に，労働集約財の価格の上昇は，労働の価格を上昇させ，資本の価格を下落させる。たとえば，何らかの要因で，X 財（資本集約財）の価格が上昇した場合，資本レンタル（r）が上昇し，反対に賃金（w）が下落すると考えられます。

Winner：価格が上昇した財に集約的に使用されている生産要素の価格が上昇
Loser：価格が下落した財に集約的に使用されている生産要素の価格が下落

　この定理を提唱した研究者らの名をとり，この現象をストルパー・サミュエルソン定理と呼んでいます。これを次の図3-4に描いてみます。この図は，横軸に資本レンタル（r）を，縦軸に賃金水準（w）をとり，国内で生産されるX財とY財の価格をそれぞれ（1）X財の価格線と（2）Y財の価格線のように描くことができます。これら（1）と（2）により国内の生産要素価格（賃金，資本レンタル）の均衡が点Aで得られるとします。ここでY財の価格が上昇した場合を考えます。これはY財の価格線が（2）から（3）として示され，このとき生産要素価格の均衡が点A'に移動します。つまり，労働集約財であるY財の価格の上昇は，賃金水準を引き上げ，反対に資本レンタルが下落することになります。同様に，資本集約財であるX財の価格が上昇した場合，資本レンタルが上昇し，賃金水準が下落することになります。

　ある財の価格が高くなれば，その財の生産者は生産量を増やします。しかし，それには必要な生産要素（たとえば，資本と労働）を獲得しなければなりません。そこで国内の他の財の生産量を減らすことにより，資本と労働を要素市場に供給することになります。これらを使用し，財価格が上昇した財の生産量を増加させることができます。このとき，資本集約財の生産量の増加は，$K_1/L_1 > K_2/L_2$であり，労働集約財の生産を1単位減らして市場に供給される資本量では足りませんが，労働は余ります。それゆえ，不足している資本の価格が上がり，余っている労働の価格は下ることになります。

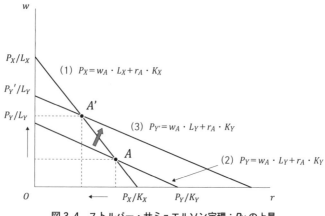

図3-4　ストルパー・サミュエルソン定理：P_Y の上昇

　たとえば，A 国で国内産業保護を目的に輸入関税 t を Y 財に課すとします。これにより Y 財の国内販売価格は関税分だけ高くなり，$P_Y + t$ となります。輸入される Y 財は割高となり A 国内での販売量が減少することになります。これは図 3-2 の状況と同じになります。つまり，このように輸入関税を課すと財価格の上昇による販売量の減少だけではなく，その財に集約的に使用されている生産要素の価格を上昇させ，それ以外の生産要素の価格を下落させるという影響を生じさせることになります。

リプチンスキー[5]定理

　H-O モデルは，各国の生産要素賦存状況の変化が各財の生産量に与える影響について次のように予測をしています。これをリプチンスキー定理と呼んでいます。

Winner：賦存量が増加した生産要素を集約的に使用する財の生産量が増加
Loser：賦存量が増加した生産要素以外を集約的に使用する財の生産量が減少

　たとえば，何らかの要因で資本量が増加した場合，資本集約財の生産量が増加し，労働集約財の生産量が減少することになります。反対に，労働量が増加した場合は，労働集約財の生産量が増加し，資本集約財の生産量が減少することになります。このリプチンスキー定理については次の第 4 章で労働移動，資本移動の影響として説明します。

3-6　短期の国際貿易モデル

　国際経済の影響を 2 つの異なる時間軸で，つまり短期と長期で考えてみましょう。経済学において短期と長期という概念は複雑です。そこで，ここでは次のように短期を定義します。各産業において複数の生産要素を用いて財を生産しているとします。労働は両産業間を自由に移動できるとし，それ以外の生産要素は産業間を移動できないとします。このように短期においては産業間を移動できない生産要素があると考えます。ただし，これらは一定以上の時間があれば，産業間を移動できると考えられます。たとえば，自動車産業の資本

は，短期的には電子機器産業において使用することは困難であると考えられます。しかし，時間をかければ電子機器の生産ノウハウを獲得することができ，電子機器を生産できる可能性があります。つまり，生産要素を異なる産業で使用できない場合を短期とし，他の産業でも使用可能である場合を長期としています。このように生産要素の移動可能性を考慮することにより，国際貿易の影響を短期と長期にわけて考察してみましょう。先の3-2のモデルがこの長期の国際貿易の影響になります。そこで，ここでは短期の国際貿易の影響を考えてみましょう。

短期モデル：特殊（生産）要素モデル

　上述のように生産要素には産業間を移動できるものと移動できないものがあります。ここでは短期の影響を考えるために，各産業で使用される2種類の生

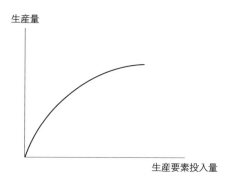

図 3-5　生産関数（規模に対して収穫逓減）

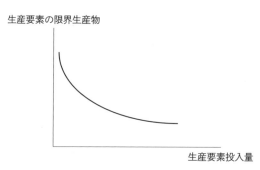

図 3-6　ある産業の生産関数と生産要素の限界生産物

産要素のうち，一方は産業間を移動できないと仮定します。ここで X 産業と Y 産業が存在し，それぞれ製造業と農業とします。製造業では資本と労働を使用し，一方農業では土地と労働を使用して生産活動を行うとします。このとき，労働は産業間を移動可能ですが，資本と土地は産業間を移動できません。このような各産業でのみ使用され産業間を移動できないものを特殊生産要素と呼びます。それ以外は一般生産要素と呼びます。

　まず，生産関数を次の図 3-5 のように考えることにします。これは規模に関して収穫が逓減することを仮定しています。これは，各財の生産に必要な生産要素の投入量を増やすと，財の生産量は増えていきますが，生産要素の投入量を増やすにつれ，生産量の伸びが徐々に小さくなっていくことを意味します。

　この生産量の伸びを図 3-6 に示しています。このように生産要素の投入量を増やすにつれ，生産量の伸びが小さくなることを限界生産物が逓減していると言います。

(1)　貿易開始前

　労働投入量を増やすにつれ，財の生産量は増えていきます。一方で資本や土地の投入量は一定であるため，労働の投入量を増やすにつれ，労働の限界生産物は逓減していくことになります。たとえば，ある製品を生産するために使用する工作機械の操作を 5 人で行っているケースを考えましょう。新たに労働者を 1 人増やし操作担当者が 6 名になりました。しかし工作機械は増えておらず，操作担当者が増えても生産量はほとんど増えません。この場合，5 名のときに比べて 6 人目の労働者の生産量はそれまでの労働者よりも減っていることになります。これを労働の限界生産性が逓減すると言い，図 3-6 に右下がりの曲線として描かれています。

　このように特殊要素量が固定されている場合，労働が産業間を移動することによって各産業の労働の限界生産性が変動することになります。一方の産業においてより高い賃金水準であれば，他方の産業からより高い賃金を得るために労働者が流入するでしょう。これにより労働者が流入した産業では，労働の限界生産性が下がり，反対に流出した産業では労働の限界生産性が高まります。この労働者の産業間の移動は，両産業の賃金水準，すなわち労働の限界生産性

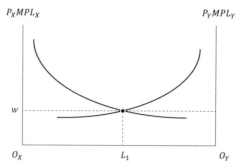

図 3-7　労働者の産業間の配分と均衡賃金水準

が一致するまで継続されます。図 3-7 に示されているように，それらが一致するところが均衡となり，均衡賃金 w においてそれ以上の労働者の移動は生じません。

(2)　貿易開始後：国際価格

　国際貿易の開始に伴い，各国の生産者，消費者は国際価格で取引をすることになります。このとき，製造業製品 X の価格が上昇（P_{X1} が P_{X2} に上昇：ΔP_x）した場合，図 3-8 に描かれているように，X 産業の労働の限界生産物価値が $P_{X1}MPL_X$ から $P_{X2}MPL_X$ に上昇し，製造業の賃金水準は w_{X1} から w_{X2} に Δw だけ上昇します。これにより高い賃金を求めて農業部門 Y より労働者が製造業部門 X に流入し製造業部門 X の労働者数が増え，産業間の労働者の

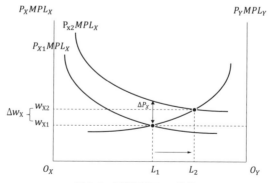

図 3-8　国際価格下での均衡

配分が L_1 から L_2 に変化します。この結果，製造業の生産量は増加し，農業の生産量は減少します。

賃金

貿易後に国際価格になり，賃金水準は上昇します。X 財の価格上昇（ΔP_X）よりも賃金の上昇幅（Δw_X）は小さいため，X 財の価格で考慮する実質賃金は下落します。一方で，Y 財（農業製品）の価格は変化していないため，Y 財の価格で考慮する実質賃金は上昇します。このように，国際貿易が始まり，労働者の賃金水準が実質的に上昇するかどうかははっきりとわかりません。

資本レンタル

X 財の価格が上昇した場合，上述のように X 財を生産する労働者数が増え，生産量が増加します。資本量は変化していないため，資本の限界生産性は向上しています。つまり，資本レンタルは上昇しています。X 財の価格上昇と生産量増加により売上が伸びており，資本所有者の所得は増えます。このとき，賃金は Δw_X だけ上昇し生産費用は増加しますが，ΔP_X 以下であるため売上の増加が上回り，資本の所有者の所得は実質的にも増加します。

反対に，Y 財の価格が上昇した場合は真逆の結果となり，資本所有者の所得は実質的に下落します。

土地レンタル

X 財の価格が上昇した場合，上述のように Y 財を生産する労働者数が減り，生産量が減少します。土地は変化していないため，土地の限界生産性は下落し，土地レンタルは下落しています。X 財の価格上昇と生産量減少により売上が減っており，土地所有者の所得は減ります。このとき，賃金は Δw_X だけ上昇するため生産費用は増加し，土地所有者の所得は実質的にも増加します。

反対に，Y 財の価格が上昇した場合は真逆の結果となり，土地所有者の所得は実質的に増加します。

全体的な影響

　国際貿易の開始により貿易前の国内の均衡価格とは異なる国際価格が導入されます。X 財の価格上昇は，X 財の特殊要素である資本の所有者の所得を実質的に増加させ，反対に Y 財の特殊要素である土地の所有者の所得を実質的に下落させます。Y 財の価格が上昇した場合，これと反対の結果となります。労働者の所得である賃金は，価格上昇によって上昇します。ただし，労働者の実質所得は，ΔP_X，ΔP_Y の値によって増加するか，下落するかが決まるため，事前に予測することは困難となります。特殊要素は産業間を移動しないため，価格の上昇（下落）の影響を直接的に受けてしまうことがわかります。一方で，労働者は産業間を移動できるので自分にとって有利な選択ができることがわかります。

注
1　Eli Heckscher (1879–1952), Bertil Ohlin (1899–1979).
2　これは各国の消費者の選好が異なることが国際貿易を発生させる要因になり得るため，この可能性を排除するためです。
3　Leontief, Wassily (1953), "Domestic Production and Foreign Trade: The American Capital Position Re-Examined," *Proceedings of the American Philosophical Society*, 97 (4), pp. 332–349.
4　Wolfgang Stolper (1912–2002), Paul Samuelson (1915–2009). Stolper, W. F. and Paul A. Samuelson (1941), "Protection and real wages," *The Review of Economic Studies*, 9 (1), pp. 58–73.
5　Tadeusz Rybczynski (1923–1998). Rybczynski, T. M. (1955), "Factor Endowment and Relative Commodity Prices," *Economica*, 22 (88), pp. 336–341.

第 4 章

国際的な生産要素の移動

　近年の世界経済では，国際的な生産要素の移動が生じており，その経済的な影響に注目が集まっています。この国際的な生産要素移動は，前章までの伝統的貿易理論では想定されていませんでした。伝統的貿易理論では，生産要素は国内産業間を移動すると想定していましたが，国境を超える国際的な移動を想定していませんでした。しかし，資本や労働などの生産要素は，今日において，なおも厳しいルールや制限があるにしても，国境を越える移動ができないわけではありません。特に，資本の国際移動は国際金融市場の急速な拡大にあるように，現在では世界経済の成長に重大な役割を担うとともに，一国では抑えがたい大きな影響力をもっています。また，一部の労働力不足の問題を抱える国にとって外国人労働者は重要な働き手となっていますし，EU 域内では加盟国の労働者に自由な移動を認めているなど，国境を超える労働者の移動は無視できない存在となっています。ここでは，資本，労働，それぞれが国際的に移動する影響を分析してみましょう。

4-1　労働力の国際的な移動：移民

　これまで世界の多くの国々において労働者の国際的な移動は厳しく制限されてきましたが，徐々に緩和される傾向にあるといえるでしょう。たとえば，移民国家であるアメリカは，1952 年制定の移民国籍法により年間 67.5 万人の移民を合法移民枠として受け入れていましたし，EU 加盟国は EU 域内において労働者の国境を越える移動の自由を認めています。日本は，これまでは明確な移民受入制度を持っていませんでしたが，日本にルーツを持つ外国人を定住者として受け入れて来ています。日本は，少子高齢化が進み，人口が減少する傾

向にあり労働力不足が指摘されています。今後，諸外国から移民受け入れを真剣に検討する必要があるかもしれません。

(1)　短期の影響

　まずは第3章で使用した特殊要素モデルを用いて短期における労働者流入の影響を考えてみましょう。外国から労働者の受け入れがはじまった場合，自国に労働者が流入し，国内の生産に利用できる労働者数が増加します。この外国からの労働者の流入は，図4-1では横軸の拡張として描かれています（ΔL）。労働者の流入以前は，国内の総労働者数は L でしたが，$L + \Delta L$ に増加しました。この労働者は両産業で利用される一般生産要素であり，両産業の生産量が増加することになります。しかし自国における総資本量は K で一定であるため，総労働者数が増加した場合，自国の労働の限界生産性は低下することになります。すなわち，労働の流入以前に比べ均衡賃金が w_1 から w_2 に下落します。たとえば，移民の流入は国内の生産量水準を引き上げますが，短期的に均衡賃金を下落させると考えられます。一方，資本の限界生産性は改善するので，資本レンタルは高まります。

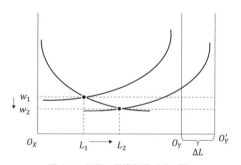

図4-1　短期の労働移動（受入国）

(2)　長期の影響

　次に，H–O モデルを用いて長期における労働者流入の影響を考えてみましょう。図4-2にあるように，労働者流入以前では，資本量 K と労働量 L のときに X 財と Y 財をそれぞれ点 E_1 で生産しています。原点 O_X から E_1 までの長さが X 財の生産量を示しており，同様に原点 O_Y から E_1 までの長さが Y 財の

生産量を示しています。このとき X 財の生産に K_X の資本と L_X の労働が使用されています。X 財の資本労働投入比率は，K_X/L_X となり，つまり $O_X E_1$ 線の傾きとなります。同様に，Y 財の生産にはそれぞれ K_Y と L_Y の資本と労働が使用され，Y 財の資本労働投入比率は K_Y/L_Y となり，$O_Y E_1$ 線の傾きとなります。これらの傾きが示すように，X 財が資本集約財，Y 財が労働集約財となります。

　ここで労働者の流入が生じ，ΔL 分だけこのボックスダイアグラムが横方向に拡大しています。H-O モデルでは，各財の生産要素集約度は一定となっています。図 4-2 の各産業の生産要素投入比率（傾き）は変化しません。そのため，労働者が流入（流出）しても労働の限界生産性は一定であり，均衡賃金は変化しません。しかし，このように労働の流入があった場合，増加した労働をすべて使用するように各産業の生産量が調整され，新しい両産業の生産の均衡は点 E_2 に変化します。図 4-2 に示されているように，労働者数の増加は，労働集約財である Y 財の生産量を増加させ，反対に資本集約財である X 財の生産量を減少させます。これは，前述したリプチンスキー定理が予測している結果となります。

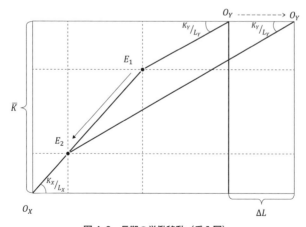

図 4-2　長期の労働移動（受入国）

4-2　資本の国際的移動：海外直接投資（FDI）

　自国の企業が，外国で事業活動を行うために現地企業を買収する，あるいは
自ら現地に自社工場などを設立する，投資のことを海外直接投資と呼びます。
これに対し，国外の株式や債券など金融資産に投資することを海外間接投資と
呼びます。特に，自国から外国への海外直接投資を「対外直接投資」と，外国
から自国へのそれを「対内直接投資」と呼びます。

　以下において，労働の国際移動と同様に資本が国際的に移動した場合の影響
を考えてみます。

(1)　短期の影響

　外国から対内直接投資を受入れた場合，資本が自国に流入し国内生産に使用
できる資本量が ΔK だけ増加することになります。このとき，労働者1人当
たりが使用できる資本量が増えることから，図4-3に描かれているように，労
働者の限界生産物（MPL）が増加し，X 財産業の賃金が上昇します。そのた
め Y 財産業の労働者が高い賃金をもとめて X 財産業に流入することになりま
す。この結果，資本が特殊要素である X 財の生産量が増大することになりま
す。一方，国内の総労働量は一定であるため，自国の資本の限界生産力は低下
することになります。すなわち，対内直接投資（資本）の流入以前に比べ，X

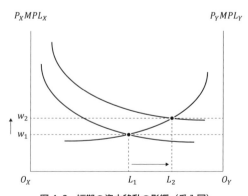

図4-3　短期の資本移動の影響（受入国）

財の生産量は増加し，賃金水準は上昇しますが，資本レンタルは下落すると考えられます。

(2) 長期の影響

先の国際的な労働移動のケースと同様に H–O モデルを拡張して対内直接投資の影響を考えてみましょう。H–O モデルでは，各財の生産要素集約度は変化せずに一定となっています。そのため，資本の限界生産性（*MPK*）は一定であり，資本レンタルは変化しません。図 4-4 に示されているように，いま資本集約財である X 財，労働集約財である Y 財の生産点が点 E_1 であるとします。O_X から E_1 までの距離が X 財の生産量を，O_Y から E_1 までの距離が Y 財の生産量を示しています。ここで ΔK だけ外国から資本の流入があったとします。この増加した資本をすべて使用するように各財の生産量の組み合わせは，点 E_1 から点 E_2 に変化します。このとき，図 4-4 に示されているように，リプチンスキーの定理が働き，資本集約財 X 財生産量が増加（$O_X E_1$ から $O_X E_2$ に拡大）し，労働集約財 Y 財の生産量が減少（$O_Y E_1$ から $O_Y E_2$）します。自国では資本量が増えているので，自国の総生産量は増加します。

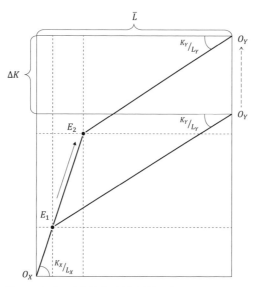

図 4-4 長期の資本移動（対内直接投資）の影響（受入国）

4-3　オフショアリング

　現代の国際経済における新しい現象として「オフショアリング」の発生があります。これは前述の国際的資本移動である海外直接投資とも考えられますが，必ずしもオフショアリングは海外直接投資のみを意味するわけではありません。オフショアリングは，海外直接投資以外の経済取引，たとえばライセンシング，アウトソーシング（外部委託）等の企業間取引の方法により生じることがあります。ここではオフショアリングを次のように定義します。

　各国の経済活動は国際貿易が発生する以前は，すべて国内で完結しているという自給自足の状態でした。たとえば，自動車を生産するのに必要な原材料や中間財はすべて国内から調達していることになります。つまり国産化率（ローカルコンテンツ率）は100％となります。国際貿易が始まれば，自動車生産に必要な原材料，中間財は各国の比較優位に応じて国際貿易により調達が進むことになるでしょう。そして，従来は国内で生産されていた部品等が外国からの調達へと切り替えられることが考えられます。このように，かつては国産だった生産活動が外国に移転することを「オフショアリング（オフショア化）」と呼ぶこととします。このオフショアリングは，かつては国内で生産していた活動を対外直接投資によって外国に自社の子会社を設立し移転させる場合もあれば，資本関係の無い外国の会社に生産を委託（アウトソーシング）する場合もありえます。そして，これはある財が最終財に至るまでに，複数の国々の工場で段階的に加工されるというグローバルバリューチェーン（GVCs）を形成することとなります。

4-4　オフショアリングと技術偏向的労働需要

　オフショアリングによる経済効果を考えてみましょう。いまA国とB国の2カ国があり，ある財の組立と原材料・部品（中間財）生産の2つの生産工程が存在するとします。それぞれの生産工程は，必要とする技能（スキル）水準が異なっているとします。たとえば，中間財の生産（開発を含む）は，他の生

産工程に比べて高技能を持つ労働者をより多く必要とします。つまり，この中間財の生産工程は，高技能労働集約的であり，組立工程は低技能労働集約型であると考えられます。

　ここで，A 国は高技能労働が豊富であり，一方 B 国は低技能労働が豊富であると仮定しましょう。これは H-O モデルの拡張です。組立は低技能労働集約的な生産工程であるため，本国はこれを B 国にオフショアリングします。このように A 国から B 国へオフショアリングの結果，A 国では低技能労働に比べて高技能労働の需要が相対的に増加することになります。これは技能偏向型労働需要と呼ばれています。

　一方，A 国から組立を受け入れる B 国においては，この組立工程を担う労働者の需要が高まることになります。上述のような低技能職のオフショアリングは，一般的に先進国から途上国へ移転することが多いと言えます。この場合，途上国である B 国の国内企業の組立工程よりも，A 国からオフショアリングしてくる組立工程がより高い技能を求めている可能性があります。つまり，この場合 B 国においても，相対的により高い技能を持っている労働者に対する需要が高まることが考えられます。A 国と比べれば低技能ではありますが，B 国のなかでは相対的に高技能の職であると言えます。結果的に，A 国と B 国の両国においてオフショアリングは技能偏向型労働需要が高まると考えられます。

　これは，両国において相対賃金率（高技能労働賃金率／低技能労働賃金率）を上昇させ，ひいては両国国内において高技能労働者と低技能労働者の間の賃金格差を拡大させるでしょう。したがって，両国において所得格差は拡大します。このように，オフショアリングは各国の所得格差を拡大させる可能性があります。

0

新貿易理論と「新」新貿易理論

5-1　近代貿易理論

　これまでみてきた伝統的貿易理論は比較優位に沿った国際分業を説明するものでした。そこでは，比較生産費の差から比較優位が決定され，それぞれの国が生産特化を行い，どの財を輸出し，どの財を輸入するのかを明らかにしたリカード理論や，生産要素の相対的な賦存量が国によって異なることが，比較優位の違いを生み出すとしたヘクシャー・オリーンの理論から国際貿易について考えてきました。しかしながら，戦後になると，伝統的貿易理論で想定していた国際貿易の動きとは異なる貿易の動きが観察されるようになりました。それは，これまでの理論に沿えば資本を豊富にもつアメリカは資本集約財を輸出すると考えられていましたが，戦後のアメリカは労働集約財を輸出しているという貿易の動きでした。ヘクシャー・オリーンの理論では説明できないこの状況を，レオンティエフは産業連関表を用いて，1947 年のアメリカの輸出財と輸入財について，国内で生産したときの必要な資本対労働の比率分析を行い，アメリカの平均的輸出財が平均的輸入財よりも労働集約的であるという貿易パターンを明らかにしました。これはレオンティエフの逆説と呼ばれ，それ以降の国際貿易理論の研究に大きな影響を与えることになりました。

　レオンティエフが示した研究は貿易理論上で種々の論議をかもしだし，近代貿易理論の発生の契機となりました。近代貿易理論では多くの新しい指摘がなされました。代表的なものを整理しましょう。1つ目は，D. キージング（Donald B. Keesing: 1933-2004）[1] や W. グルーバー（William Gruber: 1931-2006）等[2] によって唱えられた研究開発論です。そこではアメリカの比較優位は単なる生産要素の賦存量できまるのではなく，どういう産業が比較優位産業

かというと，それは研究開発に従事している科学者や技術者の数が多く，多額の研究開発費を支出している産業であるという指摘がされました。この理論は完全競争の仮定に対する疑問を投げかけ，しかも生産要素の国際的な移動の原因を探ろうとしたところに特徴があります。2つ目は，M. ポズナー（Michael Posner: 1931-2006）[3] や G. ハフバウア（Gary Clyde Hufbauer: 1939-）[4] によって主張された技術ギャップ論です。この考え方は，ある商品の生産において，技術的に優位にある国は，技術的に劣位にある国に対して，少なくともその技術が優位である期間はその商品の輸出を行うことができるであろう，というものです。この理論は特定商品の生産における諸外国の技術格差が貿易発生の原因となるもので，ヘクシャー・オリーンの理論の前提条件のひとつである，両国の生産関数が同一である，という仮定に疑問を投げかけたものです。3つ目は，R. ヴァーノン（Raymond Vernon: 1913-99）により主張されたプロダクト・サイクル論です。これは，財も生物と同様に生命の循環過程（ライフ・サイクル）を経過するということに着目して理論化されたもので，ある製品はその製品のライフ・サイクルのとらえ方次第で，いくつかの段階に分けられるという考え方です。その製品のライフ・サイクルは生成期（生産が徐々に伸び始め，国内消費が行われる時期），成長期（急速に生産が伸び，輸出が始まる時期），成熟期（生産の伸びがにぶくなり，現地生産＝海外直接投資が行われる時期）そして衰退期（生産が減少し，輸入が始まる時期）に区分できるとし，国際貿易と海外直接投資の発生に時間的要素を導入した理論です。

　先にみた近代貿易理論の多くは生産面を重視した理論でした。これに対し，S. B. リンダー（Staffan Burenstam Linder: 1931-2000）は需要面を重視した代表的需要理論を提示し，貿易論の革命とまで言われたことがありました。代表的需要理論は，1人当たりの所得が需要構造を決定する重要な要因としてとらえ，その需要構造が似ている国同士の貿易が盛んになることを解いたものです。リンダーはある工業製品が輸出財となるための前提条件として，国内需要の存在（リンダーはこの需要を代表的需要と呼んだ）を指摘しました。そして，製品はまず，この国内市場に存在する需要を対象にして生産が開始され，国内需要が満たされると次に外国に目を向け始めます。その際，この外国とは所得構造の類似した国が対象となります。つまり，所得構造が似た国同士では

貿易が盛んに行われるということです。リンダーの代表的需要理論は，戦後に
拡大した水平分業を説明する重要な理論であり，その後の貿易理論の新展開に
大きく貢献しました。

5-2 新貿易理論

(1) 産業内貿易の進展

　産業内貿易（intra-industry trade：IIT）とは同一産業内で生産された財の
輸出も輸入も行われるような貿易のことです。伝統的貿易理論では，貿易を行
う国において輸出する財と輸入する財はそれぞれ異なる産業で生産される産業
間貿易を想定したものでした。この伝統的貿易理論は工業国と農業国の貿易パ
ターンを説明するには依然として適した理論ではありますが，近年の世界貿易
においては同一産業内で輸出と輸入が行われる産業内貿易の規模が大きいのが
現状です。それは，日本の自動車産業が日本市場にだけ自動車を供給している
のではなく，海外にも自動車を輸出していることや，ドイツやアメリカの自動
車産業も自国市場だけではなく日本市場にも自動車を輸出しているということ
からも分かります。

　産業内貿易の規模を計測するにあたり，グルーベル・ロイド（Herb Grubel:
1934-, Peter Lloyd: 1937-）[5] による産業内貿易指数（G-L 指数）があります。
この指数は，ある国における産業について産業内貿易が貿易全体のどの程度の
割合であるのかを表したもので，次のように表せます。

$$IIT_i = 1 - \frac{|X_i - M_i|}{X_i + M_i} \tag{1}$$

　この（1）式において，X_i は産業 i の輸出額，M_i は産業 i の輸入額であり，
右辺第 2 項の分母は産業 i の総貿易額（輸出額＋輸入額）を，同様に分子は輸
出額と輸入額の差額の絶対値を表しています。この IIT 指数は 0 から 1 の間
を取り，この値が 1 に近ければ近いほど産業内貿易が進展していることを意味
します。逆に，この数値が 0 に近ければ近いほど産業間貿易であると考えられ
ます。

　日本の対外貿易の産業内貿易指数を産業別にまとめたものを表5-1で確認しましょう。表中の数値は1975年からおよそ10年単位で食料品，鉱物性燃料，化学工業品，機械類及び輸送機器類の産業内貿易指数を計測したものです。この数値はSITC分類（標準国際貿易分類）の1桁レベルで集計・計測したものであり，同様のデータの細分類を使用した場合の計測とは多少数値の大きさが異なるものの，産業全体の動きを捉えるために1桁を使用しています。日本の食料品や鉱物性燃料の数値は1975年から2020年にかけて継続して低いことから産業内貿易ではなく産業間貿易であることがみてとれます。対照的に，化学工業品は非常に高い数値であり，産業内貿易の程度が高い産業であることがわかります。機械類及び輸送機器類は1985年まではおよそ0.2程度であるものの，それ以降はこの値を伸ばしています。機械関連産業における産業内貿易は1985年のプラザ合意以降に東アジア地域で顕著に確認できる国際分業のひとつの形態であることからも，この数値の動きは理解できるでしょう。

　アジア地域だけではなく世界市場においても存在感を増しているのが中国です。中国は今では経済大国になっていますが，日本との貿易はどのような特徴があるでしょうか。図5-1は1975年から2021年までの日本と中国の産業内貿易指数を産業別に整理したものです。この図によると，食料品に関しては，近年増加する傾向がみてとれますが，産業内貿易指数はそれほど高くないのが分かります。それ以外の工業品に関しては90年代前半からその値は大きくなっているのがみてとれます。特に機械類及び輸送機器は1980年代後半から顕著に伸びており，産業間貿易から産業内貿易へと貿易パターンが変化しているのがわかるでしょう。

表5-1　日本のG-L指数

SITC rev.1 _ 1桁	1975年	1985年	1995年	2005年	2015年	2020年
食料品	0.159	0.150	0.068	0.104	0.152	0.206
鉱物性燃料	0.017	0.019	0.096	0.068	0.158	0.127
化学工業品	0.693	0.974	0.903	0.860	0.982	0.999
機械類及び輸送機器類	0.245	0.186	0.398	0.513	0.646	0.685

　注）貿易データは標準国際貿易分類（SITC：Standard International Trade Classification）の第1
　　版を使用している。
　出所）UN Comtrade より作成。

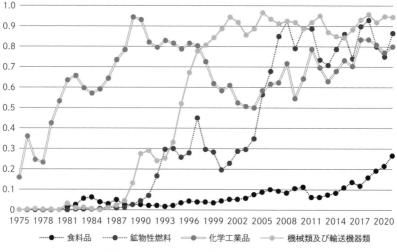

図 5-1　日本の対中国貿易における G=L 指数

(2)　規模の経済性と産業内貿易

A　産業レベルでの規模の経済性と貿易利益

　産業内貿易が生じる要因を理解するうえで重要な点は規模の経済性の存在です。規模の経済性とは生産量が増大するにしたがって平均費用が次第に小さくなることをいいます。規模の経済性の存在も国際貿易から生ずる利益の源泉と考えられることを確認していきましょう。規模の経済性には産業レベルで生じるときと企業レベルで生じるときのそれぞれを考えることができます。産業レベルの規模の経済性は企業にとっては外部の要因によって発生するということであり，企業レベルの規模の経済性は企業内部の要因によって発生するということです。はじめに，産業レベルで生じる規模の経済性（マーシャルの外部性）が存在するときの国際貿易について整理しましょう。

　産業レベルでの規模の経済性があるとき，その産業には多数の小さな企業が属していると仮定すれば，産業全体の生産規模が大きくなると平均費用は低下しますが，各企業が生産規模を拡大させても産業全体の生産量に影響を及ぼすことはないものとします。産業レベルでの規模の経済性のもとでは，企業が多数存在し，各企業が市場価格に影響力をもたないという完全競争の仮定をおい

て議論することができます。つまり，各企業は生産関数が規模に関して収穫一定であるようにふるまうけれども，産業レベルでは規模に関して収穫逓増であると考えることができます。

　次に，生産可能曲線と無差別曲線を用いて，産業レベルでの規模の経済性があるときの貿易パターンについて整理しましょう。ここで貿易を行う国はA国とB国の2国とし，貿易される財はX財とY財とします。これらの財の生産には，産業レベルでの規模の経済性が存在するとします。単純化のために，両国は生産と消費の面で同じ性格をもっているとしましょう。規模の経済性があるときは，その財の生産量が大きいほど生産効率がよくなるので，そのような場合，生産可能曲線の形状は原点に凸で表されます。この状況を描いたものが図5-2です。

　図を用いて，まずは閉鎖経済について考えましょう。ここでは貿易のない閉鎖経済における完全競争を想定しているので，国内均衡は消費における限界代替率と生産における限界変形率が等しい点Eで実現されます。これはA国とB国ともに同様となります。点Eの接線の傾きはX財とY財の相対価格（p_X/p_Y）であり，それは限界代替率と限界変形率に等しくなり，限界変形率は2財の生産における限界費用の比率と等しくなります。規模の経済性が存在する場合には，ある財価格について複数の均衡が対応することもありえます。つまり，規模の経済性が存在する場合の均衡は不安定であるということで，これは均衡から乖離したときに必ずしも元の均衡へ戻るとは限らないということです。たとえば，点Gで生産が行われることを考えましょう。ここでは相対価

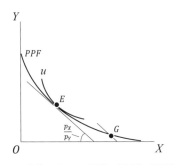

図5-2　産業レベルでの規模の経済性：閉鎖経済

格は点 E での相対価格である p_X/p_Y と同じとします。点 G では2財の限界費用の比率は2財の相対価格よりも小さいので，Y 財の生産を縮小し X 財の生産を拡大させることによって利益を得ることが考えられます。この生産転換はどこまで続くのかというと，X 財だけの生産が行われる完全特化の状態になるまで続くことになります。

　次に，同様の状況で，図5-3 を用いて A 国と B 国で貿易が開始されるときの状況を整理しましょう。両国の貿易前の国内均衡は点 E で，そのときの2財の相対価格は p_X/p_Y です。このような状況で貿易パターンはどのようになるのでしょうか。ここではそれぞれの国が片方の財の生産に完全特化をすることによる貿易の利益を見ることができます。A 国は X 財の生産に完全特化し，B 国は Y 財の生産に特化をすれば，A 国の生産点は点 B であり，消費点は点 H であり，また B 国の生産点は点 A であり，消費点は点 F となります。この場合，A 国は X 財を輸出し Y 財を輸入することになり，B 国は Y 財を輸出し X 財を輸入することになるのがわかります。貿易前と後で貿易による利益を考えると，貿易前は両国とも点 E で消費を行っていたが，貿易を行うことにより消費点が右上に位置していることから，貿易によりこれまでよりも高位の無差別曲線に到達していることがみてとれます。

　ここでは規模の経済性が存在するときにおいて，相対価格が等しくても貿易による利益があることを整理しました。分析を簡単化するために貿易前と貿易後で相対価格は等しいとしましたが，相対価格は需要と供給のパターンによって決定されますので，常に相対価格が等しいということではありません。ま

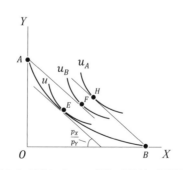

図5-3　産業レベルでの規模の経済性：開放経済

た，どちらの財を輸出し，輸入するのかについても断定することはできないため貿易パターンの決定は不明確になります。ここでの理論は，規模の経済性が存在する状況では，伝統的貿易理論で示しているような技術の差や要素賦存量の差が国の間でなくても，貿易による利益があるということを示してくれるのです。

B　企業レベルでの規模の経済性と独占的競争

　次に，企業レベルでの規模の経済性が生じるときを考えましょう。産業レベルでの規模の経済性のときと異なり，不完全競争の考え方が必要となります。ここでは不完全競争のひとつである独占的競争の考え方を用いて産業内貿易について整理していきます。

　はじめに，独占的競争の特徴をまとめると，独占的競争において企業は多数存在していて，長期的には市場に自由に参入することができます。この点では，完全競争市場と同じですが，企業が生産する製品は同質的ではなく差別化されています。製品差別化とは，同じ産業分類に属する製品について，性能や品質，デザイン，イメージなど製品の特性が企業により異なることを意味しており，自社製品を競合他社製品とは異なったものであると消費者に知覚させ選考させることをいいます。また，自社の商品が差別化されているため，その商品に対してある程度の独占的な立場に立てることから，ある程度の価格支配力を持つことになります。これが独占的競争の基本的な考え方です。独占的競争を行っている企業が国内の同一産業だけでなく，海外の同一産業にも存在しているのであれば，貿易を通じて自国は差別化された海外製品を輸入することができるし，国内で生産された差別化製品を海外に輸出することができます。つまり，これが産業内貿易となるわけです。

　図5-4を使って独占的競争について考えましょう。この図は閉鎖経済における状況を示しています。独占的競争では企業は自社の製品を独占的に供給します。短期的な状態では，独占企業と同様に価格支配力をもつことから，利潤最大化を達成しようとする企業は限界収入（MR）と限界費用（MC）が等しくなるように行動します。差別化された製品に対してこの企業が想定する逆需要曲線は D_H のように右下がりになり，そこから導かれる限界収入曲線は MR_H

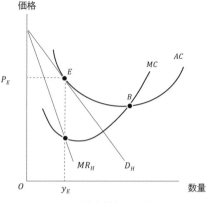

図 5-4　独占的競争：閉鎖経済

のようになります。価格支配力を持つ企業は限界収入曲線 MR_H と限界費用曲線 MC が交わる点で生産を行い，利潤を最大化する生産量は y_E となり，価格は P_E となります。これに対応する点 E が独占的競争の均衡点となります。

　短期的には独占的な利潤を得ることができますが，長期的にみれば，正の利潤が見込まれることから，これが企業の新規参入のインセンティブとなるわけです。新規参入により企業数が増えると，市場全体の需要はより多くの企業が分け合うことになり，個々の企業の直面する需要量が減少します。新規参入により企業数が増えれば，各企業の利潤は下がります。利潤がゼロまで下がれば，新規参入が終了し，企業数は一定となります（この状態を長期均衡と呼びます）。図 5-4 は独占的競争の長期均衡状態を示していて，長期均衡では，価格は平均費用と一致することになります。価格＝平均費用となる状態になるまで新規参入が続いていくのがポイントです。

　つづいて，このような状況から貿易が開始されると，企業はどのような行動を取るのかを図 5-5 で確認しましょう。貿易を開始すると，外国の消費者も自国の企業の差別化された製品を購入することができることから，この製品に対する外国での需要が発生します。自国の企業の製品に対する需要曲線は，自国での需要と外国での需要を合わせたもの（$D_H + D_F$）になります。独占的競争企業は新しい需要曲線から考えられる限界収入（$MR_H + MR_F$）と限界費用が一致するところで生産をすることにより利潤最大化を図ります。もしこの生産

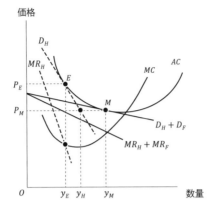

図 5-5　独占的競争：開放経済

量で正の利潤が見込まれるならば企業の新規参入が生じ，個々の企業の直面する需要量は減ることになります。この動きは最終的には利潤がゼロとなる点Mにまでつづき，そこでは生産量はy_Mであり，価格はP_Mとなります。

　貿易開始前と後でどのような違いがあるのでしょうか。貿易開始前に比べると価格は下落し，消費量がy_Eからy_Hまで増えていることから消費者は利益を得ることになります。また，外国の消費者は貿易前には手に入らなかった海外からの製品を消費することができるようになることで利益を得ます。このような財の多様性の享受も消費者にとっての貿易の利益となるのです。一方，生産者は短期的には独占による利潤を獲得することができますが，長期的には利潤は得られません。このような独占的競争の場合，消費者は類似する製品であっても差別化されたいくつもの製品の中で自分の嗜好に合う製品を消費したり，よりバラエティー豊富な財の消費を可能としたりすることから効用を高めることができるでしょう。

(3)　貿易の利益

　産業レベルで規模の経済性が存在するとき，生産特化をすることにより貿易の利益を享受することができ，また企業の新規参入によって入手可能なバラエティが拡大することから貿易の利益を享受することができることをそれぞれ確認しました。規模の経済性や製品差別化を理論的に導入し，伝統的貿易理論に

はない貿易の利益を説明したのがクルーグマン（Paul Krugman: 1953-）による新貿易理論（new trade theories）です[6]。

　新貿易理論の特徴を整理すると，この理論には，独占的競争の下で差別化された製品が生産され貿易されることにより，価格は下がり，消費可能な財の種類を増やすことで利益を得るというエッセンスがあり，そこでは貿易を通じて消費可能なバラエティの増加という伝統的貿易理論にない新しい貿易利益が示されました。同一産業内において参入企業はそれぞれ差別化された製品を生産し，外国と貿易することにより，国際的なバラエティの交換が可能となります。自国だけでたくさんの財のバラエティを生産しようとすると，それぞれのバラエティの生産量が少なくなってしまうため，生産費用が高くなってしまいます。このような場合，自国と外国とで異なったバラエティを作って互いに貿易をすれば，外国の製品を互いに購入できるようになり，消費者は消費可能な製品の種類が増えることから満足度を高めることができるのです（多様性選好）。

　また，先進国間での産業内貿易が活発な理由として，自国市場規模の大きさがあります。自国の市場が大きければ大きいほど，参入する企業がそれだけ多くなるため，産業内で生産されるバラエティが多くなり，結果的に同一産業内において双方向での貿易が活発に行われることになります。伝統的貿易理論では考慮されていなかった輸送費用を考慮に入れた点も新貿易理論の特徴です。空間経済学（立地論）においてより重要視されますが，新貿易理論において「氷塊型輸送費用」（iceberg transport costs）と呼ばれる単純な輸送費用が導入されました。氷塊型輸送費用は，外国から自国に製品が輸送される間に製品の一部が溶けて消えてしまうと見なして定式化されたものです。企業は輸送費を節約するために市場規模が大きい国に立地すると，輸送費のかからない自国の大きな需要を確保すると同時に，輸出にかかる輸送費は少なくて済みます。規模の経済性が働くとき，企業は市場の需要に対応して生産を行い，需要が大きくなれば，それに応じて生産を拡大すれば，規模の経済性が働き，製品単価を下げることができます。つまり，企業は大きな市場をもつ国に立地して製品を生産し外国に輸出を行えば，氷塊型輸送費用も作用して，規模の経済性を活かすことができるのです。これが企業の立地選択にインセンティブを与え，市

場の需要以上に生産拠点が大きな市場に集中することになります。これを自国市場効果（home market effect）といいます。

　輸送費や規模の経済性が重要な要素となる新貿易理論は，消費のバラエティの拡大による利益と規模の経済性の利益を明確に示しました。この新理論は，伝統的貿易理論にはない要素を取り入れることにより，現代の国際貿易の大きな部分を占める産業内貿易を説明することを可能とします。しかし，不完全競争産業で操業するすべての企業はその生産性と均衡生産量において完全に対称的である，という「代表的企業」の仮定は，分析上は優れているものの，現実的ではありません。この企業の同質性の仮定を理論に導入したのが「新」新貿易理論です。

5-3 「新」新貿易理論

(1) 輸出企業の特徴

　新貿易理論において，ヘルプマン（E. Helpman: 1946-）とクルーグマンによる Helpman and Krugman（1985）のモデル（理論）では，すべての企業が差別化された財を輸出していました[7]。そこでは，それぞれの差別化された「ブランド」はある国の，ひとつの企業によって生産され，世界全体へ輸出されていました。しかし，現実には輸出している企業の割合は高くありません。

　2002 年のアメリカの製造業を対象とした分析によると，製造業企業に占める輸出企業の割合は平均 18％でした[8]。日本でも，2014 年における製造業の輸出事業所比率は，最も高い関東地方でも約 5％でした[9]。つまり，新貿易理論はこの現実を適切に表現しているとは言い切れませんでした。

　それでは，どのような企業が輸出によって自社製品を海外市場へ販売しているのでしょうか。1 つ目の特徴は，企業の規模です。輸出企業は，非輸出企業と比較して従業員数，操業年数，販売額などの面でより大きいことが特徴として挙げられています。2 つ目の特徴は，企業の生産性（効率性）です。輸出企業は，平均的に非輸出企業よりも高い生産性を有していることが特徴です。

　海外直接投資（FDI）によって海外進出している企業にも同じ特徴が当てはまります。Helpman et al.（2004）では，輸出している企業よりも，むしろ

FDIによって海外進出している企業の生産性の方が高いことを理論的に説明しました[10]。それでは，この事実を踏まえ，企業の輸出行動やFDIによる海外進出をどのように捉えればよいのでしょうか。

(2)　企業の輸出行動と生産性

　国際貿易理論は，時代背景によってその主な対象を変化させてきました。国を対象とした伝統的貿易理論，産業を対象とした新貿易理論，そして企業を対象とした「新」新貿易理論が最新の分野となります。ここからは，企業の輸出行動に関する分析を可能としたメリッツ（M. Melitz: 1968-）によるMelitz（2003）モデルとHelpman et al.（2004）モデルについて説明します[11]。Melitz（2003）モデルは独占的競争モデルに輸出の可変費用と固定費用の概念を導入することで，固定費用を支払えるだけの生産性（効率性）を有している企業のみが輸出市場へ参入できることを理論的に明らかにしています。ここでの可変費用は，関税や輸送費用などです。可変費用とは，生産量や輸出量に応じて変化する費用を意味します。輸出の固定費用は市場調査，販売経路の確保，製品の技術的調整，知的財産権の保護などが当てはまります。固定費用とは，生産量や輸出量に関係なく，必ずかかる費用を意味します。

　FDIにも可変費用と固定費用がかかります。FDIの可変費用としては，進出先で採用する労働者の賃金や，利益や生産量に応じて収める税金などが当てはまります。また，FDIの固定費用としては，工場の設立，販売経路の確保，流通網の整備，事前に行う市場調査などが当てはまります。

　図5-6はMelitz（2003）モデルおよびHelpman et al.（2004）モデルにおける企業の生産性，輸出行動，そしてFDIの関係を表しています。縦軸が企業数，横軸は生産性の水準であり，累積分布関数が描かれています。国内生産と輸出を開始するためには，それぞれ最低限必要な生産性の水準（閾値）が決まっており，輸出閾値以上の水準を有する企業が輸出を開始します。Helpman et al.（2004）モデルでは，輸出の固定費用よりも，FDIの固定費用の方が高いことを指摘しています。さらに，ある一定水準以上の生産性を有する企業は，輸出により海外へ販売するよりも，FDIにより現地生産や現地販売を行った方が多くの利益が望めることを理論的に示しています。このことは，FDI

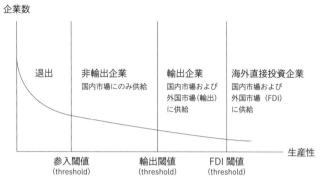

企業数

退出

非輸出企業
国内市場にのみ供給

輸出企業
国内市場および
外国市場（輸出）
に供給

海外直接投資企業
国内市場および
外国市場（FDI）
に供給

生産性

参入閾値
(threshold)

輸出閾値
(threshold)

FDI 閾値
(threshold)

出所）Melitz（2003），Helpman et al.（2004）を参考に筆者作成。

図 5-6　企業の輸出行動と海外直接投資

により海外進出している多国籍企業が最も高い生産性を有していることを示唆しています。

(3)　貿易の自由化

　2国間の貿易を自由化した場合，以下のように影響を受けます。まず，国内市場に関しては，輸入製品との競合により，自由化前よりも参入閾値が高まり（図5-7の②），結果として退出する企業が発生します。一方，貿易自由化により輸出閾値は低下するため（図5-7の①），輸出を行う企業は増加します。最

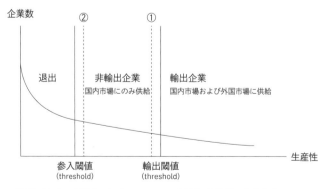

企業数

②　　　　①

退出

非輸出企業
国内市場にのみ供給

輸出企業
国内市場および外国市場に供給

生産性

参入閾値
(threshold)

輸出閾値
(threshold)

出所）Melitz（2003），Helpman et al.（2004）を参考に筆者作成。

図 5-7　企業の輸出行動と貿易自由化

終的に，より非効率な企業から，より効率的な企業へ生産要素が再配分されるため，産業全体の効率性は高まります。これが Melitz（2003）モデルが導出した自由貿易の利益です。

　この自由貿易の利益を別の図によって説明しているのが Helpman et al.（2004）です。彼らは，企業の利潤曲線を使用することで，参入閾値と輸出閾値の決定プロセスを図解しています。図5-8と図5-9は，図5-7に Helpman et al.（2004）が説明する利潤曲線を組み込んだものです。どちらの図も，貿易自由化前後の企業の利潤曲線が描かれており，生産性が低い場合はそれぞれ固定費用分の赤字が発生します。そして，正の利潤が得られるだけの効率性を有している企業は，国内生産，または輸出を開始します。ここで重要な点は，可変費用・固定費用が削減されることで，産業全体の効率性が高まる点です。可変費用の削減は利潤曲線の傾きの変化で表され，固定費用の削減は利潤曲線のシフトによって表されます。次に，貿易費用削減の意義について説明します。

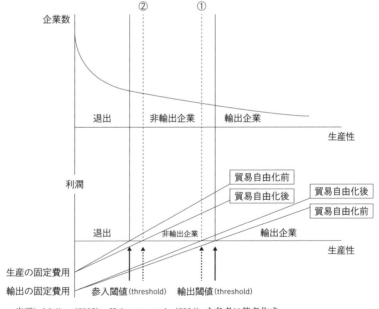

出所）Melitz（2003），Helpman et al.（2004）を参考に筆者作成。

図5-8　貿易自由化の利益（可変費用の変化）

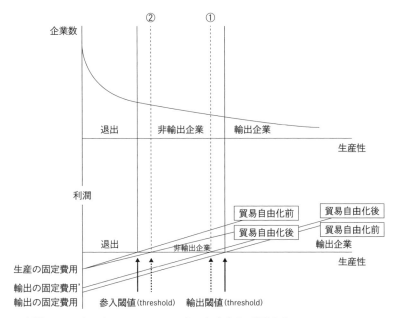

出所）Melitz（2003），Helpman et al.（2004）を参考に筆者作成。

図5-9　貿易自由化の利益（固定費用の変化）

　一般的に，経済学者は自由貿易体制を支持しており，国際貿易論が説明する自由貿易の利益は，主に3点存在します[12]。1点目は，自由貿易を前提とした伝統的貿易論が説明する生産者と消費者の利益です。各国の比較優位にもとづき効率的な資源配分を行うことにより得られる生産者側の利益と，貿易開始によって新たな財が消費可能となる消費者の利益が存在します。

　2点目は，新貿易理論が説明する貿易の利益です。独占的競争モデルと貿易の可変費用の存在を仮定し，貿易を行うことにより規模の経済性による生産の効率化（生産者の利益），そしてより多種多様な製品が消費可能となる（消費者の利益）といった利益を受けられることを説明しています。

　3点目は，「新」新貿易理論が説明する貿易自由化の利益です。貿易開始および貿易額の決定要因として，Melitz（2003）モデルにおいても提示されているように，輸出の固定費用と可変費用があります。輸出に関する固定費用は製品の技術的適合や現地での流通経路の確保など，可変費用は関税および非関税障壁などです。この輸出に関する固定費用を支払える水準の生産性を有する企

業が輸出市場へ参入することが示されており，輸出の固定費用の低下は輸出市場に参入する企業の生産性の閾値を低下させることにつながります。つまり，より多くの企業が輸出市場へ参入することになります。

　関税や非関税障壁に代表される貿易の可変費用の低下に関しても同様であり，企業の輸出市場への参入確率および貿易額の増加を促進させることが予想されます。すべての国が貿易自由化を行った場合，新たな輸出企業の参入と，輸入品との競合により国内市場から撤退する企業が発生し，より生産性の低い企業から生産性の高い企業へ資源が再配分されます。結果として，産業全体の効率性は上昇し，これが経済成長の源泉となることが示されています。

　次に，輸出の学習効果に関して，企業の生産性上昇及び雇用増加に関する実証分析について説明します。輸出を行うことで，個々の企業の生産性改善や雇用増加に繋がる可能性が指摘されています。伊藤（2011）では，日本の企業レベルデータを使用することで輸出開始が企業の売り上げ，雇用，生産性，研究開発費に与える影響について，そのメカニズムを実証的に明らかにしています[13]。分析結果から，輸出先地域に依存しますが，総じて輸出を開始することで売上，雇用，研究開発費が増加することを明らかにしています。また，北米や欧州への輸出を開始した企業は，潜在的に高い技術吸収能力を有しており，この高い技術吸収能力が輸出の学習効果の源泉として重要であることが指摘されています。さらに，他の先行研究においても，輸出を開始することで技術革新，新製品の導入などが行われるため，これらが輸出の学習効果のメカニズムとされています[14]。このように，貿易自由化からの利益は歴史的にも，そして実証的にも支持されてきていますが，現実には保護貿易政策の導入が後を絶ちません。

　輸出企業にとって，貿易費用が発生するのは国境付近のみではありません。むしろ，実際に輸出を行う前の段階で多くの費用が発生しています。図5-10は，発生段階別の貿易費用をまとめたものです。まず，歴史的に重要視され続け，多くの先行研究の分析対象とされてきたのが国境を越える段階で発生する費用です。この段階では，直接的費用，間接的費用，そしてその他の費用が発生しています。まず，直接的な費用には関税や手続きに要する書類の枚数等が含まれています。これらの指標は数値化されているため分析にも含めやすく，

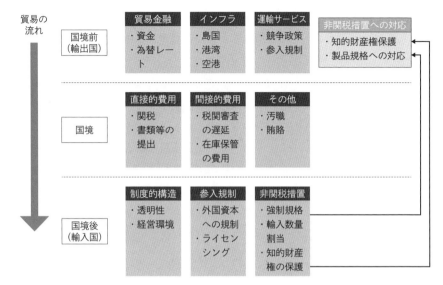

資料）Moïsé, E. and F. Le Bris（2013）, Trade Costs - What Have We Learned?: A Synthesis Report, *OECD Trade Policy Papers*, No. 150, pp. 1-45, 図1を参考に筆者作成。

図 5-10　発生段階別の貿易費用

さまざまな先行研究において貿易に対する負の影響が確認されています。しかし，近年では関税率が著しく低下しているため，その他の要因が注目され続けています。次に間接的費用ですが，税関における審査の遅延や，審査期間中に商品や在庫を保管するための費用が存在します。最後に，一般的な分析対象ではありませんが，輸入国または輸出国における汚職などの状況により賄賂などの追加的な費用が発生する可能性があります。

　国境を越えた後に発生するとされる貿易費用ですが，主に制度や規制に関する費用によって構成されています。まず，制度に関する費用ですが，これは制度の内容などに関して透明性がない場合や，厳しい経営環境に直面した場合などに発生する費用です。次に，外資への参入規制やライセンシングなどへの厳しい規制が存在する場合，貿易取引において追加的な費用を支払う場合があります。最後に，非関税措置には輸入国における製品規格（強制規格）の遵守，輸入数量割当，知的財産権保護の水準が異なる場合などが含まれます。これらの問題は，輸出企業にとっては「輸出開始前」に多くの対応が必要となること

を意味しています。つまり，Melitz（2003）モデルにおける輸出の固定費用に
該当し，削減されることで産業全体および輸出企業の効率性を高めることにな
ります。

　輸出開始前に必要となる費用についてですが，非関税措置に依存しない項目
としては金融問題と国内インフラの問題が存在します。輸出企業は財を輸出す
ることでも収入を得ますが，国内販売と比較すると販売から収入を得るための
期間は相対的に長くなります。そのため追加的な資金が必要になる場合があり
ます。また，為替の変動から追加的な費用の支払いを迫られたり，国内インフ
ラの未整備によって追加的な費用が発生したりする可能性があります。そし
て，非関税措置に対応するために発生する費用として，知的財産権の保護や相
手国の製品規格への対応などが存在します。

注

1　Keesing, Donald B. (1965), "Labor Skills and international Trade: Evaluating Many Trade Flows with a Single Measuring Device," *Review of Economics and Statistics*, Vol. 47, pp. 287-294.

2　Gruber, W., D. Mehta and R. Vernon (1967), "The R&D Factor in International Trade and International Investment of United States Industries," *Journal of Political Economy*, Vol. 75 (1), pp. 20-37.

3　Posner, Michael V. (1961), "International Trade and Technical Change," *Oxford Economic Papers*, Vol. 13 (3), Oxford University Press, pp. 323-341.

4　Hufbauer, Gary (1970), "The Impact of National Characteristics & Technology on the Commodity Composition of Trade in Manufactured Goods," Raymond Vernon (ed.), *The Technology Factor in International Trade*, National Bureau of Economic Research.

5　Grubel, H. and P. Lloyd (1975), *Intra-industry Trade: The Theory and Measurement of International Trade in Differentiated Products*, New York: Wiley.

6　Krugman, P. (1980), "Scale Economies, Product Differentiation, and the Pattern of Trade," *American Economic Review*, Vol. 70, No. 5, pp. 950-959.

7　Helpman, E. and P. Krugman (1985), *Market Structure and Foreign Trade: Increasing Returns, Imperfect Competition, and the International Economy*, MIT Press, Cambridge.

8　U.S. Census Bureau, *Census of Manufactures 2002*.

9　経済産業省『通商白書2016』。

10　Helpman, E., M. Melitz and S. Yeaple (2004), "Export versus FDI with Heterogeneous Firms," *American Economic Review*, 94 (1), pp. 300-316.

11　Melitz, M. (2003), "The Impact of Trade on Intra- Industry Reallocations and Aggregate Industry Productivity," *Econometrica*, 71 (6), pp. 1695-1725.

12　石瀬寛和 (2012)「国際貿易論の近年の進展：異質的企業の貿易行動に関する理論と実証」『IMES Discussion Paper Series』2012-J-10，日本銀行研究所，1-57頁。

13　伊藤恵子 (2011)「輸出による学習効果の分析：輸出開始とイノベーション活動の相互作用」

『RIETI Discussion Paper Series』11-J-066, 1-41 頁。

14　Damijan, J., Č. Kostevc and S. Polanec (2010), "From Innovation to Exporting or Vice Versa?" *The World Economy*, 33 (3), pp. 374-398.

第6章

貿易政策

6-1　貿易政策の目的

　伝統的な理論では自由貿易を前提とした議論がされてきましたが，現実の経済には自由貿易を歪めるような貿易政策が実施されています。なぜ自由貿易を歪めるような政策が多くの国や地域でみられるのでしょうか。貿易政策とは各国政府が貿易に対して行う政策のことです。現実の世界では完全な自由貿易がほとんどなく，各国政府は各自の国益を保護するために，さまざまな貿易政策を採り貿易に対する介入を行っているのが現状です。その保護貿易政策としては，輸入関税，輸入割当，輸出補助金，輸出自主規制などといった国内産業保護を目的としたものが挙げられます。これら貿易政策が経済に与える効果を分析することは，理論と現実とを結びつけ，貿易のさまざまな課題の解決への糸口となるでしょう。

　貿易政策を理解するには，まず経済政策の一般的概念を知る必要があります。一般的に経済政策とは，政策主体が経済的な手段を用いて，政策の目的を達成するための経済行為です。この経済政策は経済学の純粋理論のように抽象的な側面を捉えるのではなく，具体的な現実の問題を取り扱うところに特徴があります。それゆえ，政策論を考える際には，ある価値判断を前提にする必要があります。貿易政策について言えば，政府の価値判断が国内産業の保護を重視するのであれば保護貿易政策の方に舵をきるでしょうし，対照的に，生産の効率性を重視するのであれば自由貿易政策の方に邁進するでしょう。それはつまり，政策評価もどの面の効果を重視するかによって異なることになります。

　貿易政策の目的がどのようなものかを考えてみましょう。貿易政策の主な目的は，国際分業の利益の極大化による国際分業構造の高度化，自由貿易を通じ

た世界経済の発展への貢献，国際的な協調・協力による国民経済の健全な対外的関係の樹立，国民経済の保護（保護主義的政策）などがあります。しかしながら，貿易政策はそれらすべての目的を同時に達成することは非常に難しい場合が多いです。たとえば，自由貿易の促進と国民経済の保護は相容れない関係で，いわゆる二律背反が存在することになります。それ故，貿易政策の重要な視点は，目的達成の優先順位をつけることであって，この優先順位は各国民経済の発展段階や経済構造の変化によっても変わり得るので，これは政府の価値判断に大きく依存することになるわけです。

　輸入関税にしろ，他の貿易政策にしろ，貿易政策はいずれも直接的または間接的に国際貿易に影響を与えています。貿易政策は理論と現実とを結びつけ，種々の問題解決のための手段を利用して，国益に沿うような形で目的を達成しようとするものです。つまり，貿易政策の政策目的を考える際には，その主体は誰か，目的は何か，それらの目的を実現するための手段は何か，そしてその手段が利用可能であるか，あるいは適切であるかどうかなどという点を把握する必要があります。また同時に，この貿易政策のもたらす経済効果はどのようなものかをも考えなければなりません。

6-2　関税障壁と非関税障壁

　世界中の国々は自由貿易を促進する政策を打ち出している一方で，国内産業の保護などの理由のもと，さまざまな貿易障壁を設けています。代表的なものが輸入関税です。輸入関税を課すことは外国から輸入する財に一定の税率を課すことであって，それによって関税を課す前よりも輸入後の財の国内での価格は高くなります。このとき，国内に輸入品にとって代わる財，つまり代替財があれば，輸入する財の消費を押し下げることになり，国内品の消費は高まると考えられるでしょう。

　輸入関税以外の貿易を阻害する障壁を非関税障壁と呼びます。非関税障壁は言葉，文化，商習慣などといった各国固有の貿易を阻害するものや，国内品と輸入品を差別的に区分するような規制といった政策的に作り出されるものがあります。後者の政策的なものを非関税措置と呼び，近年の国際貿易において

は非関税措置への関心が高まっています。UNCTAD（国連貿易開発会議）は非関税措置をその性質により分類しています。それを整理したものが表 6-1 です。この表によると，非関税措置は輸入に関するものと輸出に関するものがあります。輸入に関するものは A 類から O 類に区分されていて，さらに技術的措置（A 類から C 類）と非技術的措置（D 類から O 類）に大別されています。輸出に関するものは P 類の輸出関連措置のみとなっています。

　表 6-1 の内容を少しだけ確認してみましょう。技術的措置である A 類は食品や植物などの検疫方法や生産方法，リスク評価方法など，食品の安全性や動植物の健康にかかわる措置のことです。B 類は貿易の技術的障壁に関する措置のことで，技術的仕様や品質要求など製品の特性に関するもので，消費者安全や環境保護などに関するラベルやパッケージに関わるものもあります。C 類は積送基準・直送条件，港湾通過，輸入管理・監視などといった船積み前検査に関するものです。非技術的措置の方を見てみると，D 類は一時的な貿易保護措置に関するもので，アンチダンピング措置やセーフガード措置などが該当します。この例としては，2018 年にアメリカと中国の間でお互いに関税措置を掛け合いましたが，それらは通常の関税措置ではないため，一時的（偶発的）

表 6-1　非関税措置の分類

区分	分類コード	非関税措置の名称
技術的措置	A 類	SPS（衛生植物検疫）措置
技術的措置	B 類	TBT（貿易の技術的障壁）
技術的措置	C 類	出荷前検査及びその他の手続き
非技術的措置	D 類	偶発的な貿易保護措置
非技術的措置	E 類	非自動輸入許可，輸入数量割当，輸入禁止，輸入数量制限措置及びその他の制限（SPS 及び TBT に関する措置を除く）
非技術的措置	F 類	追加的な租税と手数料を含む価格統制措置
非技術的措置	G 類	金融措置
非技術的措置	H 類	競争に影響を与える措置
非技術的措置	I 類	貿易関連投資措置
非技術的措置	J 類	流通に関する制限
非技術的措置	K 類	販売後サービスの制限
非技術的措置	L 類	補助金及びその他の形態の支援
非技術的措置	M 類	政府調達の制限
非技術的措置	N 類	知的財産
非技術的措置	O 類	原産地規則
輸出	P 類	輸出関連措置

出所）井尻直彦（2022）『日本の貿易変動と非関税障壁』文眞堂。

な措置として分類されます。この他にも，輸入数量制限措置，貿易関連投資措置，知的財産に関する措置など非技術的措置は多くあります。非関税措置をより詳細に分類することは，財やサービスの国際取引における問題点を明らかにすることにもつながります。

6-3　部分均衡分析

　これまでの章で既に確認してきたように，貿易をする理由は，貿易のない自給自足の状態よりも経済にプラスの効果があるからです。世界には百数十の国々が存在し，貿易される商品数も数千数百におよびます。そのため，現実には具体的な国名や商品名を挙げて，それぞれの国の生産能力であるとか，技術水準であるとかを商品ごとに例示することは難しくなります。ここではひとつの商品について，その需要と供給の関係から考察する部分均衡分析について整理していきましょう。

　経済活動を行っている消費者や生産者は市場価格のもとでさまざまな取引を行っており，そこから発生する利益を余剰といいます。余剰は消費者余剰，生産者余剰，政府余剰の3つに区分され，それらを合計したものが総余剰（社会的余剰）であり，自由貿易や保護貿易などの効果を考える際には自由貿易や貿易政策の前と後で総余剰の大きさがどの程度になるかによって判断されます。以下では，各余剰について整理しましょう。

　まずは，需要曲線と消費者余剰について考えましょう。ある財の市場を考えるときに，消費者はその財の価格でどれくらい購入すれば満足度を高められるかを考えるでしょう。その財に対していくらまでなら支払う意思があるかを示しているのが個人の需要曲線です。つまり，需要曲線はその財に対する支払意思額の軌跡です。市場需要曲線はその市場に参加するすべての消費者の最適な選択の結果を描いているため，市場需要曲線が示す価格は，その需要量で市場に参加する消費者が支払ってもいいと考える価格を表しています。つまり，市場需要曲線はその市場で需要される財への支払意思額の軌跡に他ならないのです。

　図6-1はある財に対する市場需要曲線を描いたものです。いま市場価格が

1,000 円とすれば，市場に参加するあらゆる消費者はこの財ひとつに 1,000 円の支払いをするため，価格と需要量をかけた金額を実際に支払うことになります。これに対し，消費者がこの財の需要量に応じて最大限支払ってもいいと思っている価格は需要曲線より下の部分で表されます。この財に対し 1,500 円まで支払ってもいいと思っているのならば，それが支払意思額となります。この支払意思額の合計と実際の市場価格での支払額の合計の差の分が消費者余剰として表されます。つまり，市場があることで消費者が節約できた分が消費者余剰となります。図 6-1 では支払意思額の合計は台形 ACXO であり，実際の支払額は四角形 BCXO であるので，消費者余剰はそれらの差の部分である斜線部分となります。

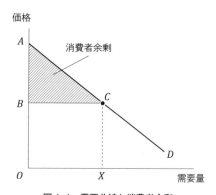

図 6-1　需要曲線と消費者余剰

　つづいて，供給曲線と生産者余剰について考えましょう。ある財の市場を考えるときに，ある生産者はその財の価格でどれくらい生産をすれば利潤を最大にできるかを考えるでしょう。その財の価格は，その財を生産するときの費用を賄える最小限の金額であり，その財を生産する意思がある金額であることを供給曲線の価格は示しています。市場供給曲線はその市場に参加するすべての生産者の最適な選択の結果を描いているため，市場供給曲線が示している価格は，その供給量で生産するときに生産者が最低でも受け取らなければならいと考える価格を表しています。つまり，市場供給曲線はその市場で供給される財への受け取り意思額の軌跡に他ならないのです。

　図 6-2 にはある財に対する市場供給曲線が描かれています。いま市場価格

が1,000円とすれば，市場に参加するあらゆる生産者はこの財ひとつあたりに1,000円を受け取ることになるため，価格と供給量をかけた金額が実際の収入となります。これに対し，生産者がこの財の供給量に応じて最小限受け取らなければ費用を賄えず生産できないと思っている価格は供給曲線より上の部分で表されます。この財に対し300円受け取れば費用を賄うことができ生産できると思っていれば，それが受け取り意思額となります。実際の市場価格での生産・販売による収入の合計と，受け取り意思額の合計の差の分が生産者余剰として表されます。図6-2では前者は四角形$BCYO$であり，後者が台形$MCYO$であるので，生産者余剰はそれらの差の部分である斜線部分となります。

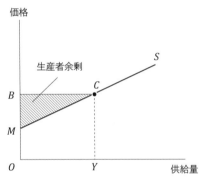

図6-2　供給曲線と生産者余剰

　市場需要曲線と市場供給曲線から消費者余剰と生産余剰について整理をしてきました。次に総余剰について考えましょう。消費者余剰と生産者余剰を合計したものが総余剰となります。図6-3では，市場需要曲線と市場供給曲線が描かれており，それらが交差するところで均衡価格と均衡取引量が決まっていることがみてとれます。これまでの議論をもとに考えると，均衡価格Bで需要曲線と供給曲線で与えられる数量Yまで消費者は購入し，生産者は生産・販売すれば，消費者余剰と生産者余剰は最大になることになります。この場合，消費者余剰は$\triangle ABC$の部分で示され，生産者余剰は$\triangle MBC$の部分で示されます。したがって，総余剰は$\triangle ACM$で示されることになります。

　また，図6-3では表記されていませんが，政府も経済主体のひとつです。政府の得る利益は課税などという形で市場に介入するときに生じることになりま

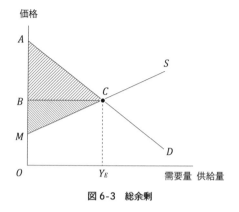

図 6-3　総余剰

すが，一般的に，政府介入による政府余剰は，政府収入と政府支出の差の分であり，税収が支出を上回れば政府余剰は正の値となるが，支出が上回れば政府余剰は負の値となります。政府余剰は最終的には公的サービスとして国民に還元されるものの，政府の介入は経済余剰には損失を生むことになります。

6-4　貿易利益

　ここまでに確認した余剰概念から貿易利益について考えましょう。ここで自国は小国であると仮定します。小国の仮定とは，その国が輸出量や輸入量を変化させても貿易が行われる国際価格に何の影響も与えない，という仮定のことです。つまり，その国は国際価格を所与として生産活動や消費活動を行うことになるわけです。

　図 6-4 をもとに自由貿易のときの貿易利益を確認しましょう。縦軸と横軸は財の価格と数量をそれぞれ表しています。曲線 D と曲線 S はそれぞれ自国の需要曲線と供給曲線を表しています。貿易が生じない自給自足経済のときは国内で需要と供給は一致しなくてはなりません。そのとき需要と供給が点 C で均衡し，自給自足のときの財の価格は P となります。ここで貿易が開始されるとき，国際価格を P_w とすると，自国の価格である P よりも P_w の方が低いため，自国は国際価格で財の輸入を行うことになります。自由貿易における自国の消費者の需要量は EG（$=OD_0$），自国の国内生産者の供給量は EF（$=$

OS_0) であり，自国は国内需要の超過分を補うために外国から FG（$=S_0D_0$）の分だけ輸入することになります。

　このときの貿易の利益を整理しましょう。消費者余剰と生産者余剰は，市場での取引により消費者と生産者がそれぞれ得る利益のことで，消費者余剰は需要曲線と取引価格で囲まれた領域で，また生産者余剰とは供給曲線と取引価格で囲まれた領域でそれぞれ表すことができました。外国と取引のない自給自足経済の場合，財の取引価格は P であることから，消費者余剰は △ACB で，生産者余剰は △MBC でそれぞれ表され，経済全体の総余剰は △ACM となるのがわかります。自給自足の状態から自由貿易を開始すると，各余剰はどのように変化するでしょうか。自由貿易の場合における財の取引価格は P_w です。このときの消費者余剰は △AGE であり，生産者余剰は △MEF となり，総余剰は △AGE と △MEF の合計の領域となります。自給自足経済のときと自由貿易のときを比べると，消費者余剰は四角形 BCGE の分だけ拡大しているのに対し，生産者余剰は四角形 BCFE の分だけ縮小しています。これは貿易を開始することにより生産者から消費者への所得の再分配が生じていることを意味しますが，経済全体では △CGF の分だけ総余剰が上昇していることが確認できます。貿易開始によるこの増加した余剰分が貿易の利益（貿易三角形）ということです。

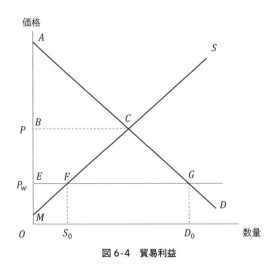

図6-4　貿易利益

　このように，貿易により貿易利益が生じ，総余剰全体は大きくなったが，この利益はあくまで需要者（消費者側）の利益を解明しようとするものであるのがわかるでしょう。供給者（生産者側）の余剰の損失だけを単純にみれば，国内産業が打撃を受けるとも想定されるのもまた事実でしょう。これらの損失を補うことを目的として関税などの保護貿易政策の実行が考えられます。

6-5　貿易政策の効果

(1)　輸入関税の効果

　自給自足の経済から貿易を開始することにより貿易利益が生じることから，自由貿易は経済的恩恵をもたらすことをこれまでに確認しました。では，国内産業保護などの目的から保護貿易に転じた場合は，経済にどのような影響が生じると考えられるでしょうか。ここでは保護貿易政策の中で最も基本的政策である輸入関税をとりあげ，輸入関税の効果について部分均衡分析を用いて考えていきます。

　図6-5を用いて自国が輸入財に対して関税を導入した状況を整理しましょう。輸入関税（t）が課されたとすると，関税賦課後の輸入財の国内での価格はP_wに関税を加えた分だけ高くなります。この状況について，図6-5では関税賦課のもとでの財の価格をP_tで表しています。この課税後の価格のもとでの自国の消費者の需要量はEG（$=OD_1$），自国の国内生産者の供給量はEF（$=OS_1$）であり，輸入量はFG（$=S_1D_1$）となります。関税賦課による財の価格の変化は消費者と生産者の行動に影響を及ぼすことになるでしょう。消費者には財の価格の上昇と消費量の低下を通じた損失をもたらすのに対し，生産者には財の価格の上昇と生産量の上昇を通じた利益をもたらすことになります。また，政府には関税収入が入ることになります。関税によるこれら損失と利益を比べることにより，関税が経済にもたらす影響を考えることができます。

　消費者余剰と生産者余剰の概念から関税の効果を確認していこう。関税賦課後の消費者余剰と生産余剰はどのように変化するでしょうか。上述したように，関税賦課により国内の輸入財の価格はP_tとなるため，この価格のもとでの消費者余剰は$\triangle AGE$，生産者余剰は$\triangle MEF$となることがわかります。自

由貿易のときから関税が課されたときの余剰の変化は，次のように整理することができます。輸入関税によって，消費者は四角形 $HEGL$ の分だけ余剰の損失を被るのに対し，生産者は四角形 $HEFI$ の分だけ余剰の増加を得ることになります。またこの場合，政府は輸入に対して関税を課すことから，四角形 $FGKJ$ の分だけ関税収入を得ることになります。まとめると，消費者余剰の損失の一部分は生産者余剰の拡大部分と政府収入の拡大部分として生産者と政府に移転されますが，$\triangle FJI$ と $\triangle GLK$ の損失はどこにも移転されることなく残ることになってしまいます。これら2つの三角形の領域の合計は，関税を課すことによって生じる死荷重（デッドウェイトロス）と呼ばれ，それは価格体系が歪められることから生じる資源配分の非効率を意味する経済への純損失を意味します。これらの損失であるが，$\triangle FJI$ は自由貿易では外国から S_0IJS_1 の費用で購入していた財を，関税賦課により S_0IFS_1 の費用で購入しなければならなくなったことによって生じる費用の増加分であり，生産面における損失を意味します。一方で，$\triangle GLK$ の損失は，消費者が D_1GLD_0 の価値がある財を自由貿易を通じて D_1KLD_0 の費用で購入できる利益を，関税による国内価格の上昇により失うことによる損失であるので，これは消費面での損失を意味します。つまり，輸入財の価格が変化していないにもかかわらず，関税によって政策的に国内価格が歪められることから，生産および消費の両面において損失が発生することになるわけです。

　この死荷重の発生原因は，本来の価格競争（国際価格水準）から需要価格や供給価格が乖離することから，競争に歪みが生ずるためだと考えられます。輸入関税を導入するという形で政府が貿易に介入すると，死荷重が発生し経済に損失をもたらすことになります。自国に損失をもたらすにもかかわらず，なぜ政府は関税を導入するのでしょうか。関税による経済余剰の変化をみると，総余剰の低下はすべて消費者余剰の減少を原因とすることが分かります。つまり，輸入関税は消費者から生産者に余剰を移転させるという性格をもつといえるでしょう。急激な国際価格の低下により国内の生産者が従来の生産量を維持できなくなり，また生産調整が困難であり国内生産者は失業や倒産の危機にさらされる場合，政府は大量の失業者の発生や急激な産業の構造変化による混乱と不利益を避けるために，次善の策として関税を導入することがあります。こ

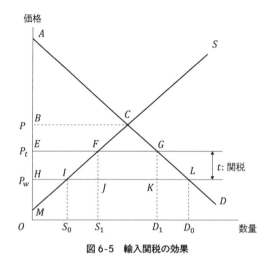

図 6-5　輸入関税の効果

のように国際価格と国内価格が急激に乖離した場合に関税を導入することを
セーフガード措置といい，世界貿易機関（WTO）において規定された条件を
満たしている場合，その導入が国際的にも認められています。

(2)　輸入割当の効果

　関税の効果について確認しましたが，保護貿易政策は輸入関税だけではあり
ません。輸入量を直接的に制限する政策手段として輸入割当があります。輸入
割当とは，政府が輸入可能な量の枠を決定することから，国内の輸入業者に対
して輸入量を制限する手段です。この輸入割当が実施された場合，割り当てら
れた輸入数量の限度内の輸入は可能ですが，この枠を超える輸入は認められま
せん。輸入関税は輸入品の国内価格を高めることにより輸入を制限することに
なりますが，輸入割当は輸入量をある一定量しか認めないため輸入量を確実に
制限できることから，規制を望む経済主体にとっては魅力的なものとなるで
しょう。

　図 6-6 は，関税の効果の分析と同じように，小国の仮定をおいた部分均衡分
析の枠組みから輸入割当の効果を描いたものです。この図から，自由貿易のも
とでは国際価格 P_w で GK の輸入を行っていたのがわかります。ここで自国が
輸入割当政策を導入することにより，輸入は GI しか許されなくなったとしま

す。国内需要は *FK* であり，国内供給が *FG*，さらに輸入量が *GI* ということ
は，*IK* だけの超過需要が生じることになります。この超過需要を満たすため
に国内生産者の供給に頼ることになり，結果的に国内供給と輸入を加えた供給
曲線は *MGIE* となり，均衡点は需要曲線と交差する点 *E* で達成されることに
なり，価格は P_q，消費量は *BE*（$= OD_1$），生産量は *BC*（$= OS_1$），輸入量は
GI（$= S_1D_1$）となるのが見てとれるでしょう。

　輸入割当の効果について考えましょう。消費者余剰は自由貿易のときの
△*AKF* から，価格の上昇に伴い△*AEB* に縮小することから，消費者は損失を
被ることがわかります。対照的に，生産者余剰は自由貿易のときの△*MFG* か
ら△*MBC* へと拡大することから，生産者は利益を得ることがわかります。こ
こで問題となるのが輸入関税のときの政府収入となった四角形 *CEJH* の部分
です。輸入割当の政策から輸入割当を獲得した輸入業者は，国際価格 P_w で輸
入品を仕入れ，国内では価格 P_q で販売することが可能であるため，輸入業者
が利益を得ることになります。このような方法で輸入業者が得る利益を輸入割
当レントと呼びます。輸入割当による消費者余剰の損失と生産者余剰の利益お
よび輸入業者の輸入割当レントの利益を合計すると，輸入割当の導入前である
自由貿易のときの総余剰よりも△*CHG* と△*EKJ* の分だけ余剰損失が生じてい
ることがわかります。

　輸入関税と輸入割当の影響を整理しよう。余剰の変化の部分は，輸入関税の
場合は関税収入という形で政府にわたるのに対し，輸入割当の場合は輸入割当
レントという形で輸入業者にわたります。いずれの場合も，死荷重が生じるこ
とになるため経済全体に対しては移転されない，つまり回収できない余剰損失
が出てしまうことになります。輸入関税も輸入割当も国内価格を吊り上げ消費
者余剰を減少させるという点では同じですが，大きな相違点をもちます。輸入
を割り当てられた輸入業者の獲得した利益に対して，輸入関税の場合はそれが
政府の収入（税収）になることから，その支配権は政府にあるもので，政府の
収入の増加分がそのまま人々の所得増大のために支出しようとすれば，それは
人々の生活水準の向上につながり，不特定多数の国民が利益を享受することに
つながります。しかし，輸入割当の場合，その利益は特定の輸入業者に与えた
ものとなります。したがって，輸入割当と輸入関税は余剰の分配面においては

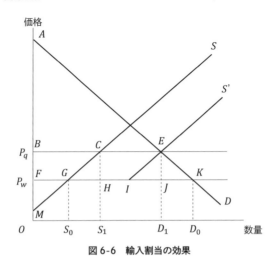

図 6-6　輸入割当の効果

その効果が異なります。また，輸入割当レントが誰のものになるかを考えなければなりません。これは輸入許可証がどのような形で誰に割り当てられるかに依存します。もし外国企業が輸入許可証を獲得したならば，輸入割当レントは国内にとどまるとは考えにくく国内の経済厚生は損失を被るでしょうし，さらに，輸入許可証を獲得するためにロビー活動などを行うとする業者がでてくれば，それは資源の浪費などにつながることになります。

(3)　輸出補助金の効果

最後に，輸出に関する政策を考えよう。輸出政策においては，輸出奨励策をとる場合が多く，重商主義の時代から現代に至るまで，政府が貿易振興策を試み，輸出を拡大しようとする動きはとまらなかったでしょう。はじめに輸出政策の目的と手段について整理しよう。一般的には，輸出政策の目的は比較優位による利益の拡大と乗数効果を通じた経済成長を促進することです。これらの目的は輸出による外貨の獲得，輸出所得の増進，雇用増大，他の産業への成長の波及効果により実現されるものです。これらの目的はどのような政策手段により行われているでしょうか。まず挙げたいのは企業が国際競争力をつけられるようにするための政策です。たとえば，政府が設備近代化のための資金援助をするとか研究開発に特別の助成金を与えるとかの政策はそれにあたりま

す。次に，輸出保険制度や輸出金融制度，あるいは通商条約の締結などのように，輸出を行いやすくするための制度的環境の整備をする試みがあります。さらに，輸出インセンティブをあたえる政策として輸出補助金制度などがあります。現実的には，輸出補助金制度などは輸入国側の被害を省みない措置としてWTO では基本的に禁止されています。これらの政策は常に相手国を念頭において実行していく必要があり，独り善がりの独善的政策は，国際経済上孤立することになりかねません。

　以下では，しばしば国際的にやり玉にあがる輸出補助金の効果について，これまでと同じように小国の仮定をおいた部分均衡分析の視点から考えましょう。小国の場合，輸出量を増大させようとするには，価格を上昇させて生産量を拡大しなければなりませんが，小国は国際市場での価格水準に対する影響はありません。輸出を拡大するには，輸出財の国内価格に対してある一定の補助金を与えることで生産量の増大をはかろうとします。輸出に対して補助金が出されるので，生産者は国内供給に回していた財を輸出に振り向け，それにより国内での供給量は減少することからこの財の国内価格は上昇することになります。

　輸出補助金の効果を図6-7から整理しよう。自由貿易で輸出を行っている状況を確認すると，自由貿易下の国際価格は P_w であり，消費量は FH，生産量は FI，輸出量は HI で表されているのがわかります。ここで輸出補助金制度が導入されたとすると，補助金により国内価格は P_s まで上昇するため，消費量は BC，生産量は BE，輸出量は CE となることから，消費量の減少と生産量と輸出量は増大していることがみてとれます。輸出補助金を課したことにより消費者余剰は $\triangle AHF$ から $\triangle ACB$ に減少し，生産者余剰は $\triangle FIK$ から $\triangle BEK$ に上昇します。その結果，単純な生産者余剰と消費者余剰の合計は，四角形 $CEIH$ の分だけ増大します。総余剰の変化をみると，消費者余剰のわずかな減少（$-BCHF$）に対して，生産者余剰の大きな増加（$+BEIF$）が確認でき，政策的に成功しているかのように見えます。しかし，政府の補助金は国民の税収から支払っているため，四角形 $CEJG$ は国民が負担しているということになります。つまり，社会全体の総余剰の増加分は，四角形 $CEIH$ から国民税金負担分の四角形 $CEJG$ を差し引いた分になります。したがって，社会全体

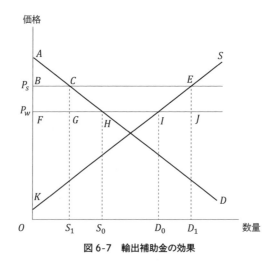

図6-7　輸出補助金の効果

の経済厚生は増加するどころか，△CHGと△EJIの分だけ死荷重が生ずることになります。

　この分析から分かるように，輸出量が増大しその分の生産者余剰の上昇が存在したとしても，社会全体では損失を被ることがあるのです。一般的に，輸出の増大は国の経済厚生の向上に直結すると考えがちですが，生産者と消費者双方の厚生を考慮した場合，必ずしもそうとはいえません。特に，小国の場合，輸出奨励政策はかえって経済厚生を悪化させることにもなる場合があることを留意すべきです。

6-6　幼稚産業保護論

　自由貿易が理論的には望ましいと考えられながら，実際には保護貿易政策が行われてきたのにはそれなりの理由があったと考えられます。自由貿易論の主張やその前提を整理しよう。自由貿易の前提は①各国の国内市場が完全であり，賃金格差，外部効果などの歪みが存在しない，②国際市場に不確実性が存在せず，いつでも一定の交易条件下で貿易が行われる，③幼稚産業がなく，各国の生産力は貿易によって左右されない，④各国の国際収支が均衡し，完全雇用が実現している，といったものがあります。しかし，現実の世界において

は，これらの前提は必ずしも満たされているわけではなく，多くの歪みが存在
しているわけです。したがって，保護主義的な主張を唱えてもやむを得ないと
も考えられます。これがいわゆるセカンド・ベスト論（次善の策）です。この
理論の基本的な論拠は現実の世界の歪みを前提としています。では一体その歪
みとは何でしょうか。それらは独占の存在であり，生産要素の移動の欠如であ
り，生産性や賃金の格差などがあげられます。

　セカンド・ベスト論とは別に，保護主義とみなされる幼稚産業保護論があ
ります。アメリカのアレキサンダー・ハミルトン（Alexander Hamilton）が
18世紀末に，この幼稚産業保護論の考え方を用いて以来，各国の間で注目を
集めました。その後，フリードリッヒ・リスト（Friedrich List）はこのハミ
ルトンの幼稚産業保護論を体系化し，組織化しました。リストの経済発展段階
説によれば，経済社会発展のプロセスは，第1段階：野蛮状態，第2段階：遊
牧状態，第3段階：農業状態，第4段階：農工状態，第5段階：農工商状態，
といった5つの段階に分けられるとしました。この経済発展段階説にもとづい
て，リストは19世紀初期にイギリスと対抗する初期のドイツ製造業に対する
保護育成の妥当性を擁護しました。つまり，リストは当時のドイツとイギリス
を比較し，イギリスは第5段階の農工商状態であったのに対して，ドイツは第
4段階の農工状態であったため，ドイツがイギリスとの間で自由貿易を行った
場合，工業などでは競争に負けてしまうと分析し，少なくともドイツ経済が第
5段階に到達するまでは，工業を保護育成するよう保護貿易を主張しました。
しかしながら，通常どのような産業を幼稚産業として規定するのかは，その根
拠は不明瞭であり，また，実際に保護されるべき期間はどのくらいなのかの規
定も曖昧でしょう。

　これらの不明瞭さを少しでも減らす努力は行われてきました。それが「幼稚
産業保護基準」といわれているものです。代表的な基準を整理しよう。1つ目
はミルの基準というものです。ミルの基準は，当該時点では技術水準も生産性
も低いが，保護することによって生産力の向上が伴うのであれば，将来的に必
ずその国にとってプラスとなると思われる産業を保護することを示したもので
す。2つ目はバステーブルの基準です。ミルの基準では不十分であるとしたこ
の基準は，当該時点で低い生産水準の産業を保護する場合，その産業を保護す

るために必要な経費が必ず将来に回収できる見込みがあり、さらにこの産業が将来的に社会全体に利益をもたらすとみられる産業を保護することを示したものです。つまり、ミルの基準が満たされ、さらに産業保護による便益と費用の関係を考えなければならないということです。図6-8はミル・バステーブルのテストを図に表わしたものです。この図において、Aの部分では平均費用が国際価格を上回っているため、その価格で生産・販売すると損失を被るが、2つの曲線が交差するt_1以降のBの部分では利潤を得られるようになり、将来的にはAの部分の損失を回収することができるようになるという状況を描いたものです。ここから、保護の費用を将来の自由貿易の利益が上回るような費用曲線を描ける産業を幼稚産業として規定しようとした基準がミル・バステーブル・テストと呼ばれます。この他にも、保護することによって将来成長し外部効果をもたらすと見られる産業を保護することを示したケンプの基準や、生産効率の上昇によって価格の下落がある場合には、それも社会的便益としてみなすべきとする根岸の基準などがあります。

　産業保護については経済の発展段階が遅れている発展途上国の保護政策がよく取り上げられてきました。その中には、保護の程度を極端に高くするよりも、その程度を中程度にしたほうが産業の生産性の伸びが相対的に高くなるという事例もあります。つまり、途上国においてある程度の産業保護は生産の効率性を上昇させる効果を持ち、幼稚産業保護論の有効性が示されたというこ

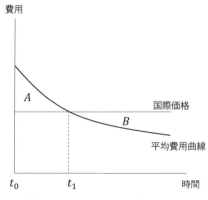

図6-8　ミル・バステーブルのテスト

とになります。このことからも，途上国では幼稚産業に対して，特定の段階において特定の産業に対する特定の手法による保護は必要と考えられます。ただし，先進国も含め，保護をいつまでも継続していくと産業として独り立ちできない状況にも陥りかねないという懸念も当然ながらあるでしょう。

　発展途上国の初期開発に対して，政治的・社会的・経済的な過度の不安定要因が存在せず，先進国並みの資質をもち教育水準をもった生産者がいて，さらに高収益率があげられる商業資本が存在するような状態にあると想定するならば，幼稚産業を保護する意味は存在しないでしょう。しかし，ほとんどの途上国の場合，その想定の逆説を取って考えた方がよいわけです。幼稚産業にとって，政府の保護指定による刺激や補助がなければ，成長段階に入ることは難しいと考えるのが適切であるといえます。ただし注意しなければならないことは，保護手段そのものは成長の鈍化や非効率の発生，資源配分の歪みにつながる恐れがあるため，産業保護は一時的な措置として限定しなければならないということでしょう。

第 7 章

国際通貨制度と国際収支統計

　現代の経済活動は国境を超え，近年の情報通信技術や交通手段の発達によって急速に拡大すると同時に，各国金融システムの自由化が進捗するにつれて，直接投資や証券投資を含む国際資本移動が活発化しています。オープンマクロはこれらの実態経済の動きを解明する重要なツールです。この章では，国際通貨制度の変遷と国際収支の構造関連などの基礎知識について解説します。

7-1　国際通貨制度の変遷

　国際取引の決済の際に通貨の交換が伴います。国際間の通貨交換をどう行うかを規定するのが国際通貨制度です。ここでいう国際通貨制度とは，国際間の為替取引，国際貸借の決済，国際収支の調整などに関する慣行や法的・制度的取決めの総称です。この節では，国際経済の歴史を踏まえて，19 世紀後半以降に採用された主な国際通貨制度である金本位制，固定相場制，変更相場制について概観します。

(1)　金本位制

　金本位制は第一次世界大戦以前から先進主要国で広く使われた通貨制度です。金本位制とは，広義的には，貨幣単位の価値と金の一定量の価値とが等価関係におかれている本位制度をいい，狭義的には，金貨の自由鋳造および自由廃幣が許され，かつ金貨が無制限法貨としての資格を持つ本位貨幣である制度をいいます。一般的にいうと，金本位制とは，金を貨幣の価値の基準とする制度で，政府の銀行が発行した紙幣と同額の金を保管しておき，いつでも金と紙幣を交換することができる制度です。

　金本位制は，金貨本位制度，跛行本位制度，金地金本位制度，金為替本位制度の4種に分けられます。イギリスは1816年の鋳貨条例により，世界最初の金本位制度をとる国となりましたが，他の欧米諸国では，19世紀後半以降に金本位制が広く採用されるようになり，やがて19世紀末から20世紀初頭にかけて，国際通貨制度としての金本位制が定着するようになりました。

　金本位制では輸出入の差額は金で払われ，そして調節されます。貿易が赤字になると金が国外に流出して行き，国内通貨量は減少し，国内の所得は減り物価は下がることになります。そうなれば，輸入は減り，輸出が増えて貿易赤字は解消に向かいます。これが金本位制における自動調節メカニズムです。

　1914年の第一次世界大戦が始まると，欧米諸国は金本位制を一時停止し，金の輸出を禁止しましたが，大戦に経済の復興にともない，欧米諸国は金の輸出を自由化して金本位制に戻しました。その後の1929年の大恐慌により世界的な金融不安が広がり，欧米諸国は1931年から33年の間に次々と金本位制から離脱しました。金本位制に代わって登場したのが管理通貨制度です。この制度は，金の保有量とは無関係に法律で定められた通貨制度にもとづき，その国の中央銀行が貨幣の量を管理する制度です。金本位制は保有する金の量によって発行する貨幣が制限されるのに対して，管理通貨制度では国の信用によって貨幣の価値が決まるというわけで，国の経済への信頼がなくなれば，貨幣の価値も下がってしまいます。

(2)　固定相場制

　固定相場制とは，外国為替相場の変動を全く認めないか，ごくわずかの変動幅しか認めない制度のことです。第二次大戦後，ブレトン・ウッズ体制が設置され，このもとで，国際通貨制度は固定相場制を採用し，次のような特徴がありました。

　① 　完全雇用，物価安定，経済成長などの目標実現のため，個々の国は経済政策を追求します。

　② 　上記の政策目標の組み合わせから発生した国際収支赤字に対処するため，国際通貨基金（International Monetary Fund：IMF）を創設します。

　③ 　各国間為替相場は固定します。

④　財・サービスの国際貿易に関し，各国通貨は相互に交換可能とします。

⑤　国際収支不均衡が一時的でない場合は為替レート変更が許されます。

　これらの特徴のいずれもそれまでの1920年代，30年代の経済混乱や変動相場制の混乱，為替管理，貿易や対外支払の制限などの経験と反省から生まれたものです。

　この国際通貨体制は，IMF体制あるいはブレトン・ウッズ体制と呼ばれ，IMFを中核機関としながらも，米ドル本位制ともいわれたように，アメリカの経済力に大きく依存したシステムでした。ブレトン・ウッズ体制のもとでは，金とドルの交換レートは，1オンス35ドルで固定されます。IMF加盟国は，自国通貨と金もしくはドルとの交換レート（つまり自国通貨の平価）を定め，この交換レートは，IMF平価と呼ばれます。そして，為替相場は固定され，加盟国はこの固定された為替相場を維持することが義務づけられています。しかし，この通貨制度は厳密には固定相場制ではなく，金本位制ともっとも異なる点は，固定相場制ではあるものの（アメリカは金1オンス＝35ドルを維持，その他の国はドルに対して平価を定めた。たとえば円は1ドル＝360円），各国に「基礎的不均衡」（恒久的な不均衡で，国内経済を犠牲にしたり，貿易や支払いの制限を必要としたりする状態）が生じた時には，予め定められたルールにしたがって為替レートの変更・調整が認められることです。したがって，この国際通貨体制はアジャスタブル・ペッグとも呼ばれています。

　固定相場制では，為替平衡操作が欠かせません。具体的には，各国は国際収支が逆調，つまり赤字の状態が続くと，自国通貨の価値（いわばIMF平価）を維持するため，外国為替市場で不足する外貨を外貨準備からとり崩して，また必要に応じ，金も外貨に換えて供給します。これは市場介入と呼ばれるものです。市場介入の結果，外貨準備の不足が生じると，IMFはその国に対して必要となる短期資金を貸付けるとともに，政策上の節度を義務づけます。そして，国際収支が好転し，市場で外貨が余るようになると，自国通貨がIMF平価を上回って強くなるとともに，通貨当局は市場から，余った外貨を買い上げて外貨準備を回復させ，IMFからのドル借金を返済することになります。

　しかしながら，固定相場制のもとでは，流動性のジレンマという矛盾を常に抱えています。流動性のジレンマは，「トリフィンのジレンマ」とも呼ばれて

います。これは，特定の国の通貨を基軸通貨とする国際通貨体制においては，基軸通貨の供給と信用の維持を同時に達成できないというジレンマ（矛盾）のことをいいます。これはブレトン・ウッズ体制（金ドル本位制）において，1960年に経済学者のロバート・トリフィン（Robert Triffin: 1911–1993）が，一国の通貨を国際通貨として使用する制度の問題点を指摘したことに由来したものです。

(3)　変動相場制

　1960年代にアメリカの国際収支の悪化によってドルの流出が続き，各国ではドル不安からドルを金に交換する要求が強まりました。これによって，アメリカの金準備は大幅に減り，60年代末には，金保有量がほぼ半減してしまいました。アメリカの金保有量の減少によってドルへの信頼はさらに低下し，やがて1971年8月15日，ニクソン大統領はドル金の交換を停止する声明を発表しました。これが「ニクソン・ショック」と呼ばれたものです。

　この「ニクソン・ショック」は，ドル本位制が実質的に終わり，固定相場制が崩壊したことを意味するものでした。その後，アメリカ連邦政府はこの変更に対して先進国と各国通貨を増価する（通貨価値を増やす）ための交渉に入り，同年12月18日のスミソニアン博物館での会議において，G10はスミソニアン協定を締結しました。協定では，各国は米ドルに対して自国通貨を増価することで合意しました。このスミソニアン合意は固定相場制を復活しようとした物でしたが，1973年3月には再びドル不安が起こり，この合意も一瞬のうちに崩れ去り，ドル本位制に終止符が打たれました。1973年以降，国際通貨体制は固定相場制から変動相場制へ移行しました。

　変動相場制は市場原理にもとづいた制度です。変動相場制のもとでは，外国為替相場は金利水準，国民所得，物価水準とともに国際収支を含むマクロ経済の調整過程で決定されます。現在の国際通貨体制は，変動相場制のもとにあるが，現在の制度を単純に変動相場制として捉えることに問題があります。現在の制度は少なくとも「管理された変動相場制」だというべきでしょう。というのは，主要国中央銀行は為替相場の激しい動きには，日常的に市場介入を行なっています。

　円安ドル高，円高ドル安という言葉はよく聞きますが，それは経済実態にどのような影響を与えるかを考えてみましょう。たとえば，円高の場合，自国の通貨——日本円が強いと意味します。外国へ買い物に出かける時や，外国の製品や原材料などを輸入する場合には得しますが，日本の製品を海外へ輸出する場合には不利となります。製造業品の多くを輸出する日本にとって，円高は好ましくありません。為替相場が安定していることに超したことはありませんが，なかなか思う通りにはいきません。為替相場が一定の水準を超え，それが異常と思われる場合には，先進国蔵相会議等を通じて，協調した調整が図られることも少なくありません。したがって，現在の変動相場制は，完全な変動相場制ではなく，「管理された変動相場制」と呼ぶべきでしょう。

　もうひとつ留意すべき点があります。固定相場制のもとでは，中央銀行は自国通貨と外国通貨の需給のアンバランスに対応する分の外貨をいつでも要求に応じて売ったり，買ったりしなければならないため，固定相場制では貨幣供給量（マネーストック）は内生変数であり，金融政策は機能しません。これに対して，変動相場制のもとでは，為替レートが通貨と通貨の間の需要と供給が調整されるように外国為替市場で決定されるため，中央銀行には固定相場制の場合のような外国通貨を売ったり買ったりする市場介入の義務はありません。したがって，変動相場制においては，貨幣供給量（マネーストック）は外生変数となり，金融政策は有効に機能します。

7-2　国際収支の構造

(1)　国際収支の構造

　一国の対外経済活動を記録したものは国際収支表（国際収支統計）です。国際収支表は，ある一定の期間における居住者と非居住者の間で行われたあらゆる財貨，サービス，証券等の各種経済金融取引，それらに伴って生じる決済資金の流れ等の対外経済取引を記録したものです。財務省は，速報値，第2次速報値（確報値）の公表に加え，国際収支作成に関連して得られるデータを活用して，直接投資の詳細データ（地域別かつ業種別計数）や地域別の国際収支（四半期毎の国際収支を主要地域（国）別に区分）などさまざまな種類の関連

表 7-1 国際収支表の構造

経常収支
　貿易・サービス収支
　　貿易収支
　　　輸出
　　　輸入
　　サービス収支
　　第一次所得収支
　　第二次所得収支
　資本移転収支
　金融収支
　　直接投資
　　証券投資
　　金融派生商品
　　その他投資
　　外貨準備
　誤差脱漏

統計を作成し公表しています。

　国際収支統計，IMF標準的なルールにもとづいて対外経済活動を体系的に
まとめ，複式簿記方式で記録したものです。現在の国際収支統計は IMF 国際
収支マニュアル第6版（BPM6）もとづいて，経常収支，資本移転等収支，金
融収支の3大項目に分類して対外取引を体系的に記録しています。

　表7-1に示したように，経常収支は，貿易・サービス収支，第一次所得収
支，第二次所得収支から構成されます。貿易・サービス収支は輸出入代金の支
払を示しています。第一次所得収支は，対外金融債権・債務から生じる利子・
配当金等の収支状況を示したものであり，主に直接投資収益（親会社と子会社
との間の配当金・利子等の受取・支払），証券投資収益（株式配当金及び債券
利子の受取・支払），その他投資収益（貸付・借入，預金等に係る利子の受取・
支払）が計上されています。第二次所得収支は，居住者と非居住者との間の対
価を伴わない資産の提供に係る収支状況を示したものであり，官民の無償資金
協力，寄付，贈与の受払等が計上されています。

　資本移転等収支は，対価の受領を伴わない固定資産の提供，債務免除のほ
か，非生産・非金融資産の取得処分等の収支状況を示しています。

　金融収支は，直接投資，証券投資，金融派生商品，その他投資及び外貨準備
の合計であり，国際資本の流入や流出の流れを示す投資収支などを記録したも

のであって，金融資産にかかわる居住者と非居住者間の債権・債務の移動を伴う取引の収支状況を示しています。

　したがって，国際収支の構造で捉えた均衡は，

　　経常収支＋資本移転等収支＋誤差脱漏＝金融収支

という関係式が成立します。

(2)　貿易・サービス収支の国内マクロ経済との関連

　輸出と輸入は実体経済に影響を与えています。ここで，消費，投資，政府支出から構成されたモデルに輸出 EX と輸入 IM の海外部門を加えて，閉鎖経済モデルをオープンマクロ（開放経済）モデルに拡張してみましょう。消費を C，民間投資を I，民間貯蓄を S，政府支出を G，租税を T，貿易・サービス収支を NX，輸出を EX，輸入を IM とします。開放経済体系における国民所得の均衡式は，7.1 式のように得られます。

$$Y + IM = C + I + G + EX \tag{7.1}$$

　国際収支の均衡をよりシンプルに捉えるため，資本移転等収支を捨象して，経常収支を単純化の形で貿易・サービス収支 NX として捉え，さらに，貿易・サービス収支 NX を純輸出（$NX = EX - IM$）とします。そうなると，貿易・サービス収支と国内経済との恒等関係は 7.2 式のように示されます。

$$NX = Y - (C + I + G) \tag{7.2}$$

　7.2 式の右辺にある（$C + I + G$）は国内の総需要であり，アブソープションと呼ばれます。貿易・サービス収支を一国の総生産とアブソープションの差として捉えるこのアプローチはアブソープション・アプローチと呼ばれます。

　貿易・サービス収支と国内マクロ経済に関するもうひとつのアプローチはIS バランス・アプローチです。国内総生産 Y は消費 C，貯蓄 S，租税 T の合計と等しくなります。アブソープション・アプローチの 7.2 式の Y を $C + S + T$ に置き換えて整理しますと，次の 7.3 式が得られます。

$$NX = (S - I) + (T - G) \tag{7.3}$$

これが IS バランス・アプローチと呼ばれるものです。国内総生産からから総消費を引いたものが総貯蓄だと考えますと，アブソープション・アプローチと IS バランス・アプローチは実は同じことに帰着します。

7.3 式をさらに変形しますと，7.4 式のようになります。

$$(S + T) - (I + G) = NX \tag{7.4}$$

この 7.4 式の左辺は，国内全体の貯蓄超過を表していて，このことから，国内全体の貯蓄超過は常に貿易・サービス収支黒字に等しいことがわかります。

貿易不均衡が発生した場合を考えてみましょう。輸出が超過して，外国から受け取った外貨が輸入に支払う外貨より多くなったとき，外貨資金が外国から自国へ流入し，貿易・サービス収支が黒字となります。貿易・サービス収支が黒字の場合，外国から受け取った外貨は外国債券の購入や対外投資に使われたりするため，資本の流れで見れば，資本移動が始まって，自国から外国へ資金が流出し，対外資産が増加するので，金融収支は黒字になります。したがって，財市場取引の資金の流れを示す貿易・サービス収支と国際資本市場の資本の流れを示す金融収支は常に一致していることがわかります。金融収支を CF と書けば，貿易・サービス収支と金融収支の関係は，7.5 式のように，

$$NX = CF \tag{7.5}$$

極めてシンプルに捉えることができます。さらに，7.4 式を書き直しますと，

$$(I + G) - (S + T) = -CF \tag{7.6}$$

という関係式が成立します。7.6 式の左辺が国内全体の投資超過，右辺は金融収支赤字を表しています。この式から，財市場における国内全体の投資超過が生じるならば，国際資本市場においては，自国への資本流入が発生し，金融収支が赤字となることがわかります。

一方の需要吸収を重視するアブソープション・アプローチは，国内総生産は総需要に吸収されなければ，経常収支の不均衡が発生すると説明しました。

日本の経常収支黒字の背後には国内の高い貯蓄性向があると考えられ，特に1980年代では，政府支出が行財政改革により低い水準に抑えられ，国内の消費需要も低い水準にあったため，内需不足が日本の経常収支黒字の原因とみなされました。当時，アメリカを中心とした先進諸国は日本に対して「内需拡大」を強く求めました。1980年代後半以降も日本の対外輸出が増え続け，経常収支の黒字が続きました。ここでは，外国貿易が国民所得水準や経常収支にどのような影響を与えるかを分析してみましょう。

　開放経済体系において，限界消費性向は c（$c = \Delta C/\Delta Y$）とし，消費関数は $C = cY$ となります。限界輸入性向を m（$m = \Delta M/\Delta Y$）とすれば，輸入関数は $IM = mY$ となり，7.7式が得られます。

$$Y = cY + I + G + EX - mY \tag{7.7}$$

　限界貯蓄性向は s とし，限界消費性向＋限界貯蓄性向＝1です。よって，上式の限界消費性向 c を $1-s$ に置き換えて，整理しておけば，7.8式が得られます。

$$Y = \frac{1}{s+m}(I + G + EX) \tag{7.8}$$

　これは外国貿易と国民所得との関係を示す式で，$1/(s+m)$ は外国貿易乗数といいます。輸出の増加がもたらす GDP 拡大効果は次の7.9式によって計算できます。

$$\Delta Y = \frac{1}{s+m}\Delta EX \tag{7.9}$$

　外国貿易乗数の議論を簡単化するために，為替レートは変動しないものとします。外国貿易乗数 $1/(s+m)$ の中で，限界貯蓄性向 s が高くなると，輸出増加の国民所得水準の向上に寄与するものの，乗数効果は小さくなります。限界貯蓄性向 s が小さくなると，その値が大きくなり，外国貿易の乗数効果が大きくなります。7.9式でわかるように，対外輸出の増加は乗数効果を通じて国民所得の増加にインパクトを与えます。

　貿易・サービス収支と外国貿易乗数との関係については，7.10 式で示されます。

$$NX = EX - IM = \frac{s}{s+m} X - \frac{m}{s+m} (I + G) \qquad (7.10)$$

　この 7.10 式では，貿易・サービス収支の変化と，投資と政府支出の変化とは負の関係にあることを示しています。国民所得水準の増加が外国需要の増加によってもたらされる時は貿易・サービス収支は改善しますが，政府支出および公共投資の拡大によって，貿易・サービス収支の黒字が相殺されることになります。

　輸出が増加したときの民間投資水準の変化も考える必要があります。政府支出が安定した場合，7.3 式の IS バランスから，貿易・サービス収支の変化は 7.11 式のように求められます。

$$\Delta NX = \Delta S - \Delta I \qquad (7.11)$$

　企業の投資性向を β とすれば，投資の変化は $\Delta I = \beta \Delta Y$，貯蓄の変化は $\Delta S = s \Delta Y$ となります。したがって，経常収支の変化は 7.12 式のように書けます。

$$\Delta NX = (s - \beta) \Delta Y \qquad (7.12)$$

　ここで，$(s - \beta)$ は社会的純貯蓄性向であると捉えましょう。社会的純貯蓄性向は企業の投資性向によって変化します。企業は輸出の増加を受けて積極的に投資活動を行えば，β が上昇し，社会的純貯蓄性向が低下することになるので，輸出増加は国民所得の増加に寄与しますが，貿易・サービス収支の変動幅は小さくなります。逆に企業投資が低迷する場合，社会的純貯蓄性向が上昇し，貿易・サービス収支の変動幅が大きくなります。このように，民間投資水準の変化が貿易・サービス収支の変動に影響を及ぼすことは明らかです。

　最後に，国際収支の赤字と黒字について考えてみましょう。マスコミなどで国際収支黒字とか赤字という語句がよく聞きます。国際収支表においては，すべての対外取引は双方向であり，先に述べた複式簿記の原則にしたがって貸方と借方の両方に分類されますので，国際収支表の上では貸方と借方が必ず等し

くなければなりません。

　たとえば「経常収支」(主として貿易・サービス収支) の黒字は「誤差脱漏」を除けば「資本移転収支」と「金融収支」の増減を合わせた赤字 (対外純資産純増) と必ず等しくなければなりません。言い換えますと, すべての対外取引が貸方勘定と借方勘定の両方に記録されているわけです。したがって, 国際収支黒字とか赤字という語句が新聞・雑誌等を賑わすことがありますが, これは, 国際収支表の一部を取り上げて収支尻を指摘しているに過ぎません。国際収支表を全体でみれば, すべての勘定の総和は定義上, プラスとマイナスが相殺されて必ずゼロになります。

第8章

オープンマクロと経済政策の効果

　経済グローバリズムの波が国境を越え，世界の隅々まで浸透していき，自由な経済活動はさらに近年の情報通信技術や交通手段の発達によって急速に拡大し，貿易や資本取引などの国際間経済取引が盛んに行われています。実態経済の動向を解明するには，閉鎖鎖経済モデルに海外活動部門を導入してオープンマクロ（開放経済）モデルへ拡張する必要があります。オープンマクロの分析基礎を提供したのがマンデル・フレミングモデル（Mundell-Fleming model：MF モデル）です。MF モデルは，ロバート・マンデル（Robert Alexander Mundell: 1932-2021）とジョン・マーカス・フレミング（John Marcus Fleming: 1911-1976）の2人の経済学者の名前をとっています。同モデルは，これまでの IS-LM モデルに国際収支（balance of payments：BP），特に資本移動を導入し，開放経済モデルを構築しました。MF モデルは開放経済体系における財政金融政策の短期的な効果を考察する上でのひとつの標準なモデルとして知られています。この章は先ず，MF モデルの導出から学んでいきます。

8-1　マンデル・フレミングモデルの導出

(1)　国際収支 BP 曲線

　では，国際収支曲線，資本移動，そして国際収支の変動について見ていきましょう。

　金融収支は，直接投資，証券投資，金融派生商品，その他投資及び外貨準備の合計であり，国際資本の流入や流出の流れを示す投資収支などを記録したものであり，金融資産にかかる居住者と非居住者間の債権・債務の移動を伴う取引の収支状況を示しています。

　したがって，国際収支の均衡は，

　経常収支＋資本移転等収支＋誤差脱漏＝金融収支

という関係式が成立します。ここで，資本移転等収支と誤差脱漏を捨象すれ
ば，国際収支の均衡は，経常収支＝金融収支として表せます。国際収支を BP
とし，さらに経常収支を貿易・サービス収支として捉えると，国際収支の均衡
は，

$$BP = NX - CF = 0$$

となります。

　国際収支曲線（BP曲線）は，一般的に，図8-1に描かれた形状となってい
ます。自国通貨高になれば，輸入が増加し「貿易・サービス収支」が悪化しま
す。自国の利子率が上昇すれば，外国資本が流入し「金融収支」が赤字化しま
す。BP曲線は自国の物価水準や外国為替市場における自国通貨高によって左
上シフトします。自国の物価下落もしくは自国通貨安によって右下シフトしま
す。

　自国利子率水準は r，外国あるいは世界利子率水準は r_W としましょう。対
外的な資本移動が完全に自由で，内外金融資産が完全代替的であれば，市場に
おいてほんのわずかな金利差（$r-r_W$）があれば，投資家はそれに敏感に反応
し巨額な資本移動を引き起こすと考えます。こうした金利裁定行動の結果が内
外の金利水準を平準化させることになります。

　たとえば，自国金利水準は世界利子率水準より高い，つまり $r > r_W$ の場

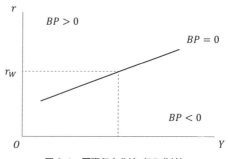

図8-1　国際収支曲線（BP曲線）

合，このとき，もし資本移動が完全に自由であれば，外国投資家は安価な自国
債券の値上がりを期待して投資を行うため，外国資本が自国に入ってきます。
いわゆる資本流入が発生します。市場利子率と債券価格は反比例的な関係があ
りますので，自国の利子率が高い場合，債券価格は低いので，投資家は将来的
に債券価格が上昇すると期待して，債券価格の低い現時点で債券を購入する行
動をとると考えます。そうなると，国際収支全体が「金融収支」に依存するこ
とになり，自国利子率水準が世界利子率水準よりも少しでも高ければ，金利平
衡作用によって外国から自国への資本流入が発生し，国際収支は黒字化されま
す。逆に金利が少しでも低ければ，自国が資本流出により国際収支が赤字化す
ることになります。

　このように国際収支が「金融収支」に完全に依存する状況においては，BP
曲線が図 8-2 で示された BP_0 のように水平になります。

　対外資本移動が完全に規制された場合，金利平衡作用は全く機能しなくな
り，国際収支全体の均衡は「経常収支」（主として貿易・サービス収支で見れ
ばよい）のみに依存することになるので，BP 曲線は BP_1 のように垂直になり
ます。

　一般に，資本移動の自由度と BP 曲線の傾きは密接に関係しており，資本移
動の自由度が高まると傾きが緩やかになり，自由度が低下すると傾きが急に
なります。自国の経済において，資本移動に対してある程度の規制が設けら
れているとしましょう。それによって国際収支曲線 BP は一定な傾きをもつ曲

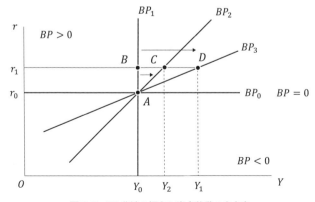

図 8-2　BP 曲線の傾きと資本移動の自由度

線になると想定します。たとえば，BP_2 のような右上がりの BP 曲線と想定しましょう。このとき経済は点 A にあって，国際収支の均衡が維持されている（$BP=0$）とします。他の条件を一定として，利子率が r_0 から r_1 まで上昇すれば，外国資本の流入により国際収支は黒字化します。国際収支均衡を保とうとすれば，外国資本の流入を相殺して $BP=0$ とするためには，国民所得水準を Y_0 から Y_2 に増加することによって，輸入を増大させ，「経常収支」を赤字化させ，それによって，自国経済が再び点 C で国際収支が均衡となります。

　ここで，制度的変化が生じて，それによって対外資本移動が自由化されたら何が起こるでしょうか。利子率水準が r_0 から r_1 に上昇したとしても，より自由な資本移動はさらに大きな外国資本流入を招きます。その大きく増えた「金融収支」を相殺するには，より大きな所得増加によって輸入を促進し，経常収支（主として貿易・サービス収支）の赤字を拡大しなければなりません。ここでは，点 C に対応する Y_2 に比べて点 D に対応する Y_1 がより大きな所得増となっています。つまり，対外資本移動の規制が少なく，資本移動がより自由になれば，BP 曲線は BP_2 から BP_3 へと右へ転回したことになり，傾きが緩やかになったと考えます。したがって，BP 曲線 BP_3 は BP 曲線 BP_2 に比べて，資本移動の自由度がより完全自由移動に近いレベルにあるといえるでしょう。

(2)　資本移動と利子率の決定

　ここでは，小国という概念について触れておきましょう。自国の経済規模が世界全体の中で占める割合が無視できるほど小さく，自国のマクロ経済の変化が世界に何の影響も与えることができない場合，この自国を「小国」といいます。

　続いて，資本移動と利子率の決定について見てみましょう。国内外の金利（利子率）格差によって資本移動が発生します。先と同じように，r は自国利子率水準，r_W は外国あるいは世界利子率水準としましょう。自国利子率水準 r は世界の利子率水準 r_W より高い場合，つまり，$r > r_W$ の場合，資本が流入し，逆に，自国の利子率水準 r は，世界利子率水準 r_W より低い，$r < r_W$ の場合，資本が流出することになります。また，自国通貨安の場合，為替レートが輸出有利に働き，貿易・サービス収支が黒字になれば，外国から受け取った外

貨は，外国債券の購入や対外投資に使われ，対外資産が増加し，金融収支が黒字になります。自国通貨高で貿易・サービス収支収支が赤字になった場合，外国から自国に資本が流入することになり，金融収支が赤字になります。

　自国利子率rは世界利子率r_Wと等しくなる場合，つまり，$r=r_W$の場合，資本移動がなくなります。このとき，貿易・サービス収支収支が金融収支と等しくなり，国際収支は均衡します。国際収支均衡は，$BP=0$と表せます。

　自国経済が小国モデルと仮定した場合，資本移動が自由な世界において，自国利子率rがつねに世界利子率r_Wに等しくなります。つまり，

$$r = r_W \tag{8.1}$$

となります。国内利子率rは世界利子率r_W低い場合は，資本が流出し，国内利子率rは世界利子率r_Wより高い場合は，資本が流入することになります。

　国際収支均衡を表すBP曲線について，資本移動が完全に自由な場合，自国利子率が世界利子率と異なる場合，利子率の低いところから資本が流出するので，自国利子率が世界利子率と乖離したとしても，資本移動を通じて同一水準に引き寄せられ，自国利子率rは常に世界利子率r_Wと等しくなり，国際収支均衡（$BP=0$）を表すBP曲線は水平な直線となります。

　外国の所得水準をY_W，外国為替レートをeとすれば，輸出関数は$EX=EX(Y_w, e)$，輸入関数は$IM=IM(Y-T, e)$，貿易・サービス収支は$NX=EX-IM$，のように表せます。

　変動相場制のもとでは，貨幣供給量（マネーストック）は政策によって決定できる外生変数ですので，

$$BP = NX(Y - T, Y_W, e) - CF\,(r - r_W) = 0$$

となりますが，固定相場制のもとでは，マネーストックをMとすれば，Mが内生変数となるため，$e=e^*$（為替レートをeとし，為替の固定相場をe^*とする）のとき，

$$BP = NX(Y - T, Y_W, e^*) - CF\,(r - r_W) = \Delta M$$

となります。

(3)　財市場の均衡と IS 曲線

　財市場においては，総需要と総供給が等しくなるように国民所得水準が決定されます。国民所得を Y，消費を C，民間投資を I，政府支出を G，租税を T，貿易・サービス収支を NX とおくと，オープンマクロにおける国民所得の均衡式は，

$$Y = C + I + G + NX \tag{8.2}$$

となります。

　輸出は為替レートの変動によって影響をうけ，外国の需要の大きさは外国の所得水準（Y_W）に依存されるのに対して，輸入は為替レートと自国の可処分所得（$Y-T$）に左右されます。貿易・サービス収支をひとつの式，$NX = NX(Y-T, Y_W, e)$ にまとめると，IS 曲線は，

$$Y = C(Y - T) + I(r) + G + NX(Y - T, Y_W, e) \tag{8.3}$$

8.3 式のように表せます。

(4)　貨幣市場の均衡と LM 曲線

　貨幣市場の均衡を LM 曲線で表わされますが，LM 曲線は固定相場制と変動相場制のもとでは異なった形をとります。LM 曲線は，

$$\frac{M}{P} = L(Y, r) \tag{8.4}$$

8.4 式のように書けます。

　固定相場制のもとでは，中央銀行は自国通貨と外国通貨の需給のアンバランスに対応する分の外貨を，いつでも要求に応じて売ったり，買ったりしなければならないため，マネーストック M は政策によって決められる外生変数ではなく，モデルの中で決定される内生変数となります。

　これに対して，変動相場制においては，為替レートが通貨と通貨の間の需要と供給が調整されるように外国為替市場で決定されるため，中央銀行には固定相場制の場合のような外国通貨を売ったり買ったりする義務はありません。し

たがって，変動相場制のもとでは，マネーストック M は政策によって決めることのできる外生変数となります。

(5) マンデル・フレミングモデル

財市場，貨幣市場，国際収支の同時均衡は，図8-3のように捉えています。これが，マンデル・フレミングモデル（MFモデル）です。このMFモデルは，以下の3つの方程式，

財市場の均衡を表すIS曲線：
$$Y = C(Y - T) + I(r) + G + NX(Y - T, Y_W, e) \tag{8.3}$$

貨幣市場の均衡を表すLM曲線：$\dfrac{M}{P} = L(Y, r)$ $\qquad$ (8.4)

国際収支均衡（$BP=0$）：$r = r_W$ $\qquad$ (8.1)

から構成されます。

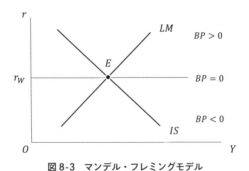

図8-3　マンデル・フレミングモデル

このように，MFモデルはIS-LMモデルを拡張したモデルです。固定相場制のもとでは，為替レートが固定され，$e=e^*$ となり，国民所得 Y，利子率 r，マネーストック M はモデルの内生変数となり，変動相場制のもとでは，為替レート e が自由に変動し，国民所得 Y，利子率 r，為替レートはモデルの内生変数となります。

8-2　固定相場制下のマンデル・フレミングモデルと経済政策の効果

(1)　固定相場制下の MF モデル方程式

　賃金や物価水準が変わらない「短期」を想定します。短期の資本移動が完全に自由な世界において，MF モデルを使って，経済政策の効果を分析してみましょう。

　まず，固定相場制下の MF モデルにおいて，自国を「小国」と想定します。固定相場制のもとでは，為替レートが固定されています。ここで，$e = e^*$ とし，財市場の均衡は8.5式のように表され，このモデルは以下の3本の均衡式から構成します。

$$Y = C(Y - T) + I(r) + G + NX(Y - T, Y_W, e^*) \tag{8.5}$$

$$\frac{M}{P} = L(Y, r) \tag{8.4}$$

$$r = r_W \tag{8.1}$$

　国民所得 Y，利子率 r，マネーストック M はモデルの内生変数であるから，方程式は3つあるため，ちょうどこれらの変数を決定することができます。

(2)　固定相場制下の均衡国民所得の決定

　資本移動が完全に自由である小国モデルにおいて，自国の利子率が世界利子率と均衡します。固定相場制のもとでは，自国利子率と世界利子率の不均衡は，マネーストックの変化を通じて，LM 曲線のシフトによって解消されます。自国利子率が高すぎた場合，世界利子率より高い水準にあるから，金利差（利鞘）を求めて世界の資本が流入してきます。その結果，自国の中央銀行には大量の外国通貨が持ち込まれることになりますが，中央銀行は固定為替相場制のもとでは，持ち込まれた外国通貨はすべて責任をもって対応しなければなりません。つまり，外国為替レートを維持する義務を負っています。

　自国通貨高，ここでは円高圧力がかかった場合を例として考えてみましょ

う。中央銀行である日銀は町中にある民間銀行（市中銀行）に対して，外貨（たとえばドル）を買い取って円を売るとします。このドル買いによって円高を阻止しますが，マネーストックは増加します。つまり，市場では円の貨幣供給量が増えます。このような中央銀行対市中銀行の直の取引による介入を「不胎化しない介入」といいます。しかし，自国通貨の円が過剰に市場に供給されることによって物価が不安定になり，インフレの懸念が生じます。この場合，日銀がドルを買い取った円換算分の金額に等しい手持ち債券を売却したとすれば，その分だけのマネーストックが中央銀行に吸収され，結局，マネーストックが変化しないことになります。このような中央銀行が自国通貨と外貨を交換する際に生じたマネーストックの変化分を相殺させるために行われたオペレーションのことを「不胎化介入」または「不胎化政策」といいます。

　為替介入については，次の章においてもう少し詳しく説明しますが，このような不胎化介入を継続して実行するのは実はとても困難です。投機的な資金が大量にかつ急激に自国に流れ込んできた場合，あるいは貿易・サービス収支の不均衡が長期に及んだ場合，中央銀行はそれによって生じてくる巨額のマネーストックを相殺できる相応な量の債券を保有することは現実的ではありません。一般的に，固定相場制においては，不胎化政策は短期的には可能ですが，長期にわたって取り続けるのは難しいと考えます。

　固定相場制下の均衡国民所得の決定について考えてみましょう。図 8-4 のように，初期の均衡点は点 E_0 にあるとします。自国利子率が高すぎた場合，つまり，自国利子率が世界利子率より高くなると，利鞘を求めて資本が流入し，

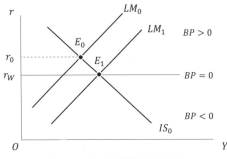

図 8-4　固定相場制下の所得決定

自国通貨の需要が高まり，自国通貨高の圧力がかかってきます。中央銀行は固定の為替レート維持のため，自国通貨を供給し外貨の買い取り，マネーストックが増えます。それによって貨幣市場においては超過需要が発生します。マネーストックが増えれば，LM曲線は内外の金利差がなくなるまで右下方へシフトし，均衡点は点E_1にまで移動します。このような貨幣市場の利子率調整のプロセスを経て国民所得の拡大がもたらされます。

　このように，固定相場制のもとでは，自国利子率と世界利子率の不均衡は貨幣市場のマネーストックの変化を通じてLM曲線をシフトさせ，均衡国民所得が決定されていくわけです。

(3) 財政政策の効果

　財政政策の効果を考えてみましょう。図8-4で示したように，当初，経済はIS曲線とLM曲線の交点E_0で均衡し，国民所得はY_0とし，利子率はr_0に決定されているとしましょう。また，世界利子率r_Wはr_0にあるとします。

　拡張的財政政策が実施された場合，IS曲線はIS_1にシフトしますが，LM曲線はシフトしません。このとき，クラウディング・アウト効果が発生するため，利子率はr_0からr_1に上昇します。経済は点E_1に移動し，国民所得はY_1までしか増加しません。

　資本移動が完全に自由な場合，資本は利子率の高いほうへ流れていくため，外国から自国に資本が流入し，外国為替市場には自国通貨高圧力が加えられる

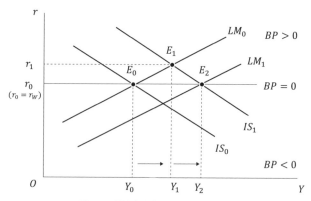

図8-5　固定相場制下の財政政策効果

ことになります。固定相場制のもとでは，為替相場を維持するには，中央銀行は外国為替市場への介入が必要となります。このときは外貨買いの為替介入を行います。

　為替介入によって，外貨準備は増加しますが，同時に自国内の貨幣供給量（マネーストックM）が増加しますので，LM曲線がLM_0からLM_1にシフトします。このプロセスは利子率水準が元の位置に戻るまで持続するため，自国経済は新しい均衡点E_2でふたたび均衡します。図8-5で示したように，自国経済は，自国の利子率と外国の利子率が等しくなる交点E_2に移動し，国民所得はY_2に増加します。したがって，固定相場制下の拡張的財政政策は有効です。

　固定相場制のもとでは「機関車論」が取り沙汰されています。「機関車論」とは，世界経済が不況に陥った時，貿易黒字国が内需を拡大し，機関車としての役割を果たすべきという主張です。拡張的財政政策の実施によって，内需が拡大されれば，輸入が増え，それが自国のみならず海外の景気を浮揚させる効果があるといってよいでしょう。

(4)　金融政策の効果

　量的緩和のような金融緩和政策が発動された場合を考えてみましょう。金融緩和が実施されると，図8-6で示したように，LM曲線は右下シフトし，利子率の低下を招きます。自国利子率が世界利子率より低くなれば，資本流出が始

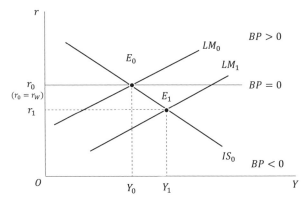

図8-6　固定相場制下の金融政策効果

まり，自国通貨安圧力が生じてきます。中央銀行は為替レートを維持するため，外貨売りの為替介入を実施します。その結果，外貨準備高が減ります。一方，市場ではマネーストックが減少します。それによって LM 曲線は元の利子率水準に戻るまで左上シフトします。LM 曲線は結局，もとの位置に戻り金融政策の効果が消されてしまいます。したがって，固定相場制下の金融政策は無意味なものです。

(5)　為替レートの変更と保護貿易政策

固定相場制のもとで，「奥の手」としては自国通貨の切り下げという方法を用いて経済を活性化させることは可能です。通貨が e_0 から e_1 に切り下げたことによって自国製品の国際競争力が上昇すると，輸出が増加し貿易・サービス収支は改善します。図 8-7 に示されたように，IS 曲線は $IS_0(e = e_0)$ から $IS_1(e = e_1)$ に右上シフトし，拡張的な財政政策が実施された場合と同じ効果が得られます。通貨の切り下げによって，経済が活性化し，新しい均衡点に移り国民所得が増加しますが，ここでは注意すべき点があります。このような通貨の切り下げは，近隣窮乏化政策とも呼ばれ，両大戦間期の通貨の切り下げ競争は，世界経済を混乱させた歴史的な教訓がありました。

保護主義的な貿易政策が発動された場合についても考えてみましょう。保護主義的な貿易政策として，輸入規制や関税率の引き上げ，非関税障壁の設定などの代表的なものがあげられます。これらの政策が発動されると，財市場では輸入が減少し，貿易・サービス収支が改善します。これらの変化によって，

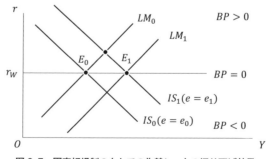

図 8-7　固定相場制のもとでの為替レートの切り下げ効果

IS曲線は図8-7と同じように，$IS_0(e)$ から $IS_1(e)$ に右上方にシフトします。それによって自国利子率が上昇し，その結果，資本が流入し，自国の貨幣市場ではマネーストックが増加します。そのため，LM曲線が右下方にシフトしていき，経済は新しい均衡点に到達します。したがって，保護主義的な貿易政策は，自国の国民所得を増やす効果があるといえます。

8-3　変動相場制下のマンデル・フレミングモデルと経済政策の効果

(1)　変動相場制下の MF モデル方程式

　IMF第2次改正協定により，加盟国は自由に為替制度を選択することが認められました。現在，主要通貨の相場に連動させるペッグ制を採用する国もありますが，主要先進国のほとんどが変動相場制を採用しています。ここでは，MFモデルを用いて，変動相場制下の政策効果を分析してみましょう。

　MFモデルは，8.3式の財市場の均衡，8.4式の貨幣市場の均衡，8.1式の国際収支の均衡の3つの方程式から構成されています。ここでも先の固定相場制のもとでのMFモデルと同じように，物価水準は変わらない「短期」を想定します。モデルは以下3つの方程式，

$$Y = C(Y - T) + I(r) + G + NX(Y - T, Y_W, e) \tag{8.3}$$

$$\frac{M}{P} = L(Y, r) \tag{8.4}$$

$$r = r_W \tag{8.1}$$

から構成されます。

　変動為替相場制のもとでは，為替レートが通貨と通貨の間の需要と供給が調整されるように外国為替市場で決定されるため，中央銀行には固定為替相場制の場合のような外国通貨を売ったり買ったりする義務はなく，貨幣供給量（マネーストックM）はモデルの外生変数となり，為替レートeが自由に変動します。よって，国民所得Y，利子率r，為替レートeは，モデルの内生変数となります。

(2)　変動相場制下の均衡国民所得決定

　変動相場制のもとでは，利子率の不均衡は為替レートの変化を通じて，財市場の IS 曲線がシフトすることによって解消されます。仮に自国経済の均衡点が当初の点 E_0 であったとしましょう。自国利子率が世界利子率より高い（$r_0 > r_W$）ので，世界から資本が流入します。

　資本が流入することで為替レート増価（自国通貨高）をもたらします。それによって財市場では貿易サービス収支が悪化し景気が後退すれば，図 8-8 で示したように，IS 曲線左下方シフトします。自国利子率と世界利子率の乖離があっても，固定相場制の場合と異なり，LM 曲線はシフトしません。その結果，点 E_1 が新しい均衡点となり，この点 E_1 では自国利子率と世界利子率が一致し，資本移動が止まります。したがって，点 E_1 で財市場，貨幣市場，国際収支の3つの均衡式が同時に成立し，均衡国民所得が決定されます。

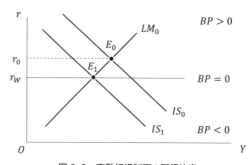

図 8-8　変動相場制下の所得決定

(3)　財政政策の効果

　政府は公共投資の増加のような拡張的財政政策を実施したとしましょう。図 8-9 のように，IS 曲線は右側シフトによって利子率が上昇し，クラウディング・アウトが発生します。

　資本移動が完全に自由の場合，利子率の上昇によって世界から自国に資本が流入し，資本収支の黒字化と自国通貨高が生じます。自国通貨高は貿易・サービス収支を赤字化させ，それが金融収支の赤字を相殺することになります。この貿易赤字化の過程で IS 曲線が左下方シフトしてしまいます。この IS 曲線の下方シフトは内外利子率差がなくなるまで持続するので，IS 曲線は最終的に

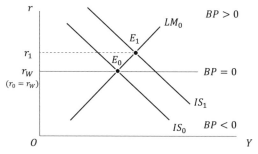

図 8-9 変動相場制下の財政政策の効果

はもとの位置に戻ります。したがって，変動相場制のもとでは，国際収支は自
国の金融収支の赤字と貿易・サービス収支の赤字が相殺する形で均衡に向かう
わけですので，拡張的財政政策は無効です。

(4) 金融政策の効果

　変動為替相場制のもとでは，為替レートは市場原理で動くため，中央銀行は
為替レートを維持する義務から解放され，マネーストックをコントロールする
ことができます。固定相場制の場合とは異なり，変動相場制が採用された場
合，マネーストック M は政策によって決められる外生変数となります。

　変動相場制のもとで金融緩和政策が実施された場合，図 8-10 で示したよう
に，LM 曲線は右下方シフトします。当初の経済は点 E_0 で均衡し，国民所得
は Y_0，利子率は r_0 に決定されているとしましょう。また，世界利子率 r_W は

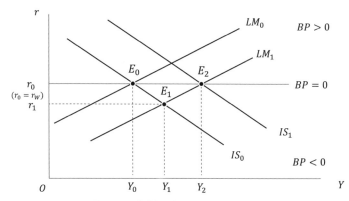

図 8-10 変動相場制下の金融政策の効果

自国利子率 r_0 と一致しています（$r_0 = r_W$）。金融緩和政策の実施によってマネーストックが増加した場合，LM 曲線は LM_1 にシフトするので，均衡点は一時的に点 E_1 に移動し，国民所得は Y_1 まで増加し，利子率は r_0 から r_1 に低下します。

　そのとき，自国利子率は世界利子率より低いため，資本が自国から世界へ流出します。その結果，金融収支が黒字となり，それによって自国通貨安が生じます。自国通貨安は輸出に有利に働き，貿易・サービス収支が改善され黒字化となるので，輸出が増加し貿易・サービス収支が改善されるプロセスにおいて，IS 曲線が右上方シフトします。そして，内外の金利差がなくなるまで持続して，IS 曲線は IS_1 までシフトします。それによって，国民所得水準はさらに Y_2 まで拡大します。したがって，変動相場制のもとでは，金融政策はきわめて有効です。

　一方で，留意すべき点もあります。これは一国の金融政策は海外の経済にも影響を与えているということです。金融政策の国際的波及は，主として為替レートを通じて海外の経済に影響を及ぼしていきますので，金融緩和政策の実施によって利子率が下がれば，資本移動が発生し，自国資本は海外へ流出します。資本流出の圧力は自国通貨安の要因にもなり，資本流出によって金融収支が黒字化になります。国際収支均衡においては，それは必ず貿易・サービス収支の黒字化によって相殺されなければなりません。貿易・サービス収支の黒字化は自国の輸出拡大によって実現されたものですが，貿易相手国の立場から見れば，それは自国の輸出が抑えられ，輸入が増大することになります。このように，輸入増加と輸出減少は貿易相手国とっては景気後退の要因となりますので，金融政策の国際的波及にも注視すべきでしょう。

(5)　保護主義的な貿易政策と為替介入

　輸入規制，関税率の引き上げ，非関税障壁の設定といった保護貿易政策が発動されると，輸入は減少します。その結果，貿易・サービス収支が改善されます。貿易・サービス収支の改善は IS 曲線を右上方にシフトさせ，経済の均衡点は一時的に点 E_0 から点 E_1 に移ります。しかし，図 8-11 で示したように，点 E_1 では，自国利子率が世界利子率より高い水準にありますので，資本が世

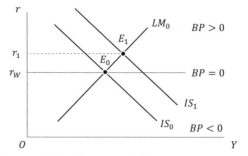

図 8-11　変動相場制のもとでの保護主義的な貿易政策の効果

界から自国に流入し，自国通貨高になり，それによって IS 曲線は元の位置，点 E_0 に戻ります。結局，輸入制限などの保護主義的な貿易政策は為替レートを増価させただけで，自国の国民所得を増やすことはできません。

　最後に，為替市場への介入について考えてみましょう。主要国の中央銀行は，投機が過熱すると実力以上に自国通貨が評価されることや，為替市場の安定，国際競争力を妥当な水準に維持するなどを理由に，為替相場の激しい動きを警戒し，日常的に市場介入を行なっています。また，IMF も為替市場への介入を事実上に容認しているように見えます。

　日本の為替介入を例にして考えてみましょう。急激な円高に対応し，外国為替市場で円を売ってドルを買う「ドル買い・円売り介入」を行う場合には，政府短期証券を発行することによって円資金を調達し，日銀が民間銀行のドルを吸い上げ，それと見返りに民間銀行に円を支払うことで，市場では円の供給が増えます。このような「ドル買い・円売り介入」は意図的に金融を緩和するようなもので，金融緩和の実施と同じ効果をもっています。

　中央銀行が為替市場に介入し，為替レートを減価させた場合，自国通貨安を人為的に作り出すことで，輸出に有利に働き，貿易・サービス収支の黒字を増加させます。しかし，他国では総需要が縮小し，不況が誘発されることになります。自国の景気対策として為替レートを操作することは「失業の輸出」として批判される場合が多く，このような政策はしばしば「近隣窮乏化政策」と呼ばれています。したがって，現在の資本自由移動と変動相場制を組み合わせたグローバル化経済においては，保護主義的な貿易政策は無意味なものであり，為替市場への介入も慎むべきでしょう。

8-4　長期における財政金融政策の効果

(1)　名目為替レートと実質為替レート

　賃金や物価水準が変動する「長期」において，財政金融政策はどのような効果をもつか検討してみましょう。ここでは，海外部門を組み入れた長期モデルについて考えましょう。

　先ずは為替レートに確認しましょう。為替レートには「名目」と「実質」の2つがあります。名目為替レートは，名目為替相場ともいいます。通常，新聞，テレビ等で見聞きする為替レートの大部分はこれにあたります。1ドル100円，あるいは1ドル何ユーロという言い方が一番なじまれています。私たちの聞きなれている1ドル＝100円，120円というのは，ドルの価格でドル中心の言い方で，外国通貨（ドル）の自国通貨（円）建て為替レートといいます。これは自国通貨の単位で測った外国通貨の価値を測ることを意味します。これに対して自国通貨中心の立場に立てば，1円＝1/100ドル（＝1セント）という言い方になります。これは外国通貨（ドル）建て為替レートといいます。

　現実の財・サービスの貿易や長期資本投資に真に影響を与えるのは名目為替レートではなく実質為替レートです。実質為替レートは次のように計算します。

$$実質為替レート = \frac{名目為替レート \times 外国財の輸出価格}{自国財の輸出価格}$$

　上の式の分子は外国財の価格を自国財と比べられるように自国通貨（円）建てに換算したものです。分母は自国の物価水準ですから，はじめから円建てベースとなります。これは，外国財の価格（分子）が自国財のそれ（分母）に比較して相対的にどれだけ高いかを表わしています。したがって，実質為替レートは相対価格（実質価格）の一種といえます。実質為替レートが上昇すれば，それは外国財が自国財に比べて相対的に高くなったことを意味します。言い換えれば，外国財1単位と交換される自国財の量が多くなったということに

なります。

たとえば，ここではアメリカと日本の2カ国がそれぞれひとつの財だけを生産し輸出しているとします。アメリカの自動車は1台1万ドル，日本では国産車は1台100万円としましょう。このとき名目為替レートが1ドル140円であれば，上記の相対価格は140円×1万ドル/100万円＝1.4となります。つまり，アメリカ車1台は1.4台の日本車と交換されます。そして，もしこの相対価格が1.4から2へ上昇すれば，1台のアメリカ車は2台の日本車と交換されるので，1.4のときより実質的により高価になったわけです。先の1.4という相対価格は指数ですから，それ自体は特別な意味はもちません。現実には，アメリカも日本も一種の商品だけ生産しているわけではないので，輸出している多くの種類の商品の価格を加重平均した（名目）価格指数を用いて，集計的な実質為替レートを計算することになります。

上の例ではドルの円建て為替レート（名目レート）に対応する形で実質為替レートを定義したので，いわばアメリカが輸出する財の価格を日本国内の財の単位で表示した実質レートとなっています。このように，実質為替レートは名目為替レートを両国の物価水準の変動によって調整したものとして捉えられます。海外の物価水準はP_W，国内の物価水準はPとすれば，実質為替レートは，

$$\varepsilon = \frac{e \times P_W}{P} \tag{8.5}$$

8.5のように書くことができます。このP_W/Pは，世界価格と国内価格の比率で表した相対価格として捉えられます。また，実質為替レートεは，自国と外国の間の輸入価格と，輸出価格の比率を表わしているため，国際貿易理論では，しばしばこの比率を「交易条件」と呼んでいます。

輸出価格が上昇すると，相対価格（P_W/P）が上昇し，実質為替レートεで表した交易条件が改善し，輸出が増加します。また，自国通貨安や自国の物価水準の下落も同様に実質為替レートεを上昇させ，交易条件の改善につながります。交易条件が改善されれば，輸出が増加し貿易・サービス収支NXが改善されます。したがって，貿易・サービス収支NXは実質為替レートεの増加関数として捉えられます。

(2)　価格調整と完全雇用

A　固定相場制のもとでの調整

固定相場制のもとでの価格調整と完全雇用についてみてみましょう。

過少雇用均衡あるいは完全雇用がまだ達成されていない場合，労働市場では失業が存在すると考えます。失業が存在しているため，名目賃金が下がり，その結果，物価も下がってしまいます。物価水準が P_0 から P_1 に下がると，8.5式でわかるように，実質為替レートが上昇し，それによって交易条件が改善し輸出が増加します。貿易・サービス収支 NX は実質為替レート ε の増加関数ですから，図 8-12 の矢印①の方向で示したように，IS 曲線が $IS_0(P=P_0)$ から $IS_1(P=P_1)$ に右上方シフトし，国民所得は拡大します。一方で，利子率も上昇します。利子率が上昇すれば，世界から自国に資本が流入し，外国為替市場においては自国通貨高圧力が加えられることになります。

固定相場制のもとでは，為替相場を維持することが義務づけられているため，通貨当局は外貨買いの為替介入を実施します。これは自国通貨を売り外国通貨を買う介入です。

この外貨買い介入によって，外貨準備は増加するとともに，貨幣供給量，つまり自国内の名目貨幣供給量（マネーストック）が増加しますので，LM 曲線は矢印②の方向で $LM_0(P=P_0)$ から $LM_1(P=P_1)$ にシフトします。このプロセスにおいて，国民所得はさらに拡大し，経済は新たな均衡点に移り，図8-12 で示したように，新しい均衡点 E_2 で完全雇用が達成されます。このよう

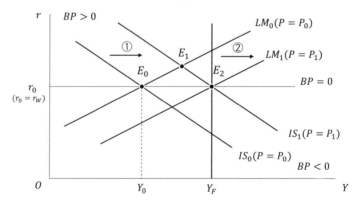

図 8-12　固定相場制のもとでの価格調整

に，固定相場制のもとでも，価格が不均衡に対して適切に調整する場合，経済は完全雇用が達成されるということになります。

B　変動相場制のもとでの調整

　変動相場制のケースを考えましょう。完全雇用が達成されなく，初期の均衡は点 E_0 にあるとします。労働市場において失業が発生した場合，物価が下がります。自国の物価水準が P_0 から P_1 に下がると，実質マネーストックが増加し，それによって LM 曲線は矢印①の方向で $LM_0(P=P_0)$ から $LM_1(P=P_1)$ に右下方シフトします。それによって自国利子率が世界利子率より低くなり，資本の世界への流出が発生し，名目為替レートが下落する（為替レートを自国通貨建てで表した場合，e の値が上昇する）ことになります。

　変動相場制のもとでは，名目為替レートの下落は実質為替レート ε を上昇させ，交易条件が改善し輸出が増加します。輸出増加によって貿易収支が改善され，財市場の均衡を示す IS 曲線は図 8-13 の矢印②の方向で $IS_0(P=P_0)$ から $IS_1(P=P_1)$ に右上方シフトします。このように，経済は新しい均衡点 E_2 で完全雇用が達成されます。

　以上の分析で明らかになったように，価格が十分伸縮的いわば物価が上がったり下がったりすれば，固定相場制のもとでも変動相場制のもとでも本質的に差は存在しません。つまり，価格が調整されるならば完全雇用は達成されるという結論に至ります。

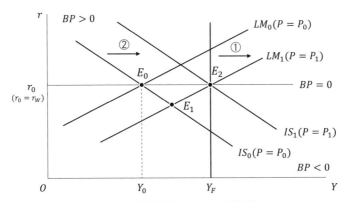

図 8-13　変動相場制のもとでの価格調整

(3)　金融政策の長期的中立性

　変動相場制のもとで金融緩和政策が実施されたと想定しましょう。図 8-14 の矢印①の方向で示したように，金融緩和の実施によって，貨幣市場では LM 曲線が右下方へシフトし，名目為替レートが減価します。財市場では，名目為替レートの減価（自国通貨安）により貿易・サービス収支 NX が改善し，IS 曲線が図の矢印②の方向で右上方へシフトします。よって，経済は当初の均衡点 E_0 から E_1，E_1 から E_2 へさらに進んで調整されていきます。

　しかし，点 E_2 では完全雇用 GDP 水準（Y_F）を上回ったため，物価が上昇します。物価が上昇すれば，LM 曲線は矢印③の方向で左上方へシフトし元に戻り，それに伴って，IS 曲線も矢印④の方向で左下方へシフトし元に戻るため，均衡点は元の点 E_0 に戻ります。

　この一連の動きをまとめると，金融緩和政策の実施により，名目貨幣供給量（マネーストック）が上昇し，名目為替レートが減価します。これは交易条件の改善をもたらしますが，しばらくして物価が上昇し交易条件を再び悪化させることになります。結局，為替レートと物価が比例的に変化し，交易条件が元通りになり，金融政策は長期的には効果を発揮できないことがわかります。このことを金融政策の長期中立性といいます。

　以上の分析は，変動相場制のもとでは金融緩和政策は短期的には極めて有効で，国民所得を増加させる効果はありますが，長期的には効果が発揮されない

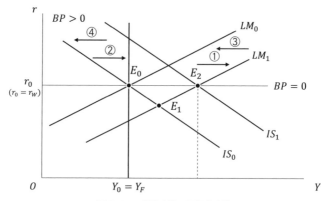

図 8-14　金融政策の長期中立性

ことを明らかにしました。なぜこのような違いが生じたかを考えましょう。短期的には，金融政策が実施されたとき，自国通貨安がより急激に進行すると予測して，市場では為替相場の予想と期待によって行きすぎた自国通貨安が一気に現実となり，為替レートのオーバーシューティングが発生します。為替レートの減価（自国通貨安）によって貿易・サービス収支が改善し，資本収支の悪化を帳消してしまい，国際収支を均衡させることになります。外国為替市場の為替レートが極めて迅速に調整されるが，財市場の価格調整速度はそれに比べれば，はるかに遅いことがわかります。物価がゆっくり上昇すると，為替レートは徐々に増価し自国通貨高になります。長期均衡では，マネーストックの増加率と，為替レートの減価率と，物価上昇率が等しくなります。このことは次の章でもう少し詳しく説明することにしますが，金融政策の短期と長期の効果の違いは，為替市場の調整速度と財市場の調整速度が異なることによって生じたと考えられます。

第9章

外国為替市場と外国為替相場決定

9-1　外国為替市場

(1)　外国為替市場

　異なる通貨を交換することを外国為替といい，2つの異なる通貨の間の交換比率を外国為替レートまたは外国為替相場といいます。第8章で既に触れたように，為替相場の表現方法は自国通貨建て為替レートと外国通貨建て為替レートの2通りあります。

　固定相場制のもとでは，円と米ドルのレートは1ドル＝360円で固定されていましたが，変動相場制に入って，円相場は変動します。1ドル120円の相場から1ドル140円に変わったとすれば，1ドルを得るには20円分より多く出さなければなりませんので，円は減価になり，それを円安といいます。逆に相場が1ドル100円に変わった場合，円は増価になり円高になります。

　個人が海外旅行に行くために自国通貨と外国通貨を両替します。貿易会社が海外との代金決済のために自国通貨を対価に外国通貨を調達します。また，国内の投資家が外貨建て金融資産を売買する際に自国通貨と外国通貨を交換するなど，このような自国通貨と外国通貨を売買する取引を外国為替取引といい，こうした取引を行う場が外国為替市場です。

　外国為替市場（外為市場）は，青果市場や証券取引所とは異なり，決まった場所や建物を指すわけではなく，特定の枠組みの中で行われる取引全体を示す抽象的な概念です。外国為替市場では，多くの取引が電話や電子機器を通じて行われています。外国為替市場の取引は主として個人や企業が金融機関と行う「対顧客市場」と，金融機関同士が直接または外為ブローカーを通じて行う「インターバンク市場」の2つに大きく分けられます。

　外国為替市場に参加するのは，通貨当局，銀行，外国為替ブローカー（外貨売買の仲介を行う業者），顧客（商社や海外展開する企業のほかに，生命保険会社などの機関投資家）です。対顧客市場では，FX業者や一般企業などが銀行をはじめとした金融機関と取引を行っています。インターバンク市場では，銀行や証券会社といった金融機関同士が取引を行っています。外国為替市場は「対顧客市場」と「インターバンク市場」という形態で，東京をはじめ，ロンドンやニューヨークなど世界各国で展開されています。時差の関係で，24時間，世界中のどこかで取引が行われているのが外国為替取引の特徴です。

(2) 外国為替取引

　では，外国為替市場ではどのような為替取引が行われたのでしょうか。外国為替取引とは，通貨取引とも呼ばれ，為替レートをもとに異なる2つの通貨を交換する取引のことをいい，常に2つの通貨を同時に売買することになり，異なる2つの通貨の一方を買い，もう片方を売る取引になっています。外国為替取引の種類には，「直物取引：スポット（spot foreign exchange transaction）」と「先物取引：フォワード（forward foreign exchange transaction）」の2つがあります。

　直物取引とは，その日の為替レートでその日かその日に近い時点（2日間以内）で通貨の売買（受渡し決済）を行うことをさしています。たとえば，日本の輸出業者がある商品を輸出した場合は自分が発行した輸出手形を外国為替銀行に持ち込み，その日の直物相場（一覧払買相場）で銀行に買い取ってもらい，対価として円をただちに受け取ること，これが直物取引です。

　直物取引に対して，先物取引は特定の将来の時点で自国通貨を売り（買い）外国通貨を入手する（手放す）という契約を現時点で結ぶという取引のことをさしています。その際，為替レート（先物相場）や売るドルの額を予め決めておく必要があります。たとえば，輸出業者が商品を今日出荷しても，ドルの受取りは6カ月後という契約を結ぶ場合，3カ月先に受け取るドルをいま売る契約を結び，この先のドルの受渡しのときの為替レートは先物市場の今日決まっている6カ月物の先物相場を使います。この取引は為替レートがあらかじめ決まっているので，6カ月先に受け取る外貨を円に変えるときの為替リスクを回

避することができます。

　外国為替取引の形態には，「アウトライト取引」と「スワップ取引（為替ス
ワップ）」の2つがあります。アウトライト取引とは，直物や先物のシングル
取引のことをいい，スワップ取引とは直物と先物の組み合わせ取引のことをい
います。

　スワップ取引は，直物取引と先物取引を組み合わせて正反対の方向に，同時
かつ同額で操作します。この操作によって，為替リスクを回避し，そして資金
を有利に運用することができます。たとえば，ある銀行がただちには必要でな
い100万ドルのドル資金を持っているとします。6カ月先にはそのドル資金を
使うことがわかっているとしましょう。このとき，この銀行は100万ドルを
直物市場で他の銀行に売り，同時に6カ月物の先物ドルを買っておきます。こ
の先物予約によって，6カ月後には必要なドルを確定したレートで確保できま
す。またその間，直物取引で手に入れた円を有利に運用することができます。

(3)　為替リスクのヘッジ

先物契約によるカバー

　変動相場制のもとでは為替リスクが存在しますから，投機家を除いて人々は
このリスクを避けようとします。ここで，為替リスクを避ける方法について考
えてみましょう。

　先物契約によるカバーは為替リスクを避けるひとつの方法です。あらかじめ
決められた為替レート（先物相場）で将来の通貨の売買を予約しておくので，
先物契約を結ぶというコストは支払いますが，予想しない為替レートの変動で
損失を被ることは避けられます。

商品在庫投資

　為替リスクヘッジのもうひとつの方法は，商品在庫に投資しておくことで
す。日本の輸入業者がアメリカから小麦を輸入する事例を考えてみましょう。
輸入した小麦を商品在庫として保有しているとき，円が突然1ドル130円から
140円へと円安になったとしましょう。小麦100キロが100ドルであるとすれ
ば，6カ月先に必要とされる円は1万3000円から1万4000円へと増えます。

輸入業者は小麦をすぐに売らないで，輸入した現物の小麦を在庫として持っていれば，円安になったとき，その小麦を1万3000円ではなく，1万4000円で売れば，円安による輸入業者の損失が生じないから，為替リスクを避けることができます。

長期の為替リスクのヘッジ

　長期の為替リスクをヘッジするには，現時点での外国通貨の借入れや貸付けと直物取引を組み合わせる方法があります。たとえば，ある企業が現時点でプラント輸出を行い，10年先に100万ドルを受け取ることが分かっているとしましょう。10年物の先物予約はないので，先物取引による為替リスクのカバーはできません。そこで，いま10年満期のローンで直物のドルを100万ドル借りて，これを現在の直物レートで円に変え，その円を自由に運用すればよいでしょう。10年後に受け取る輸出代金の100万ドルは借りた100万ドルの満期時の返済にあてることができます。すなわち，直物取引と借入れを組み合わせることにより，遠い将来に受け取るドルをあたかも現在受け取るかのような状態を作り出すことができます。

投機

　投機について考えてみましょう。通貨投機は必ずしも悪いことではありません。投機は何らかの新しい情報を持ってリスクをとる行動ですから，社会に利益をもたらすことも多いといえます。国際金融では，先物契約で為替リスクをヘッジしていないものはすべて投機と定義されています。輸出業者が積極的に投機する意図をもたなくても，何らかの理由でヘッジをしなければ，その人は結果として投機を行っているということになります。

　この投機には直物為替によるものと先物為替によるものとがあります。ある人が過去に入手した直物ドルを先物等で為替リスクのカバーをせずに持っていて，ドルが十分高くなったと思ったときに売れば，それは直物投機となります。

　直物の外国為替でなく，先物の外国為替をもちいて投機をすることもできます。たとえば，現時点で直物レートは1ドル＝130円で，3カ月物の先物レー

トは140円としましょう。このとき，ある人が3カ月後の直物レートは140円ではなく150円と予測すれば，先物契約で100ドル買っておいて，3カ月先に100×140円を契約相手に渡して100ドルを受け取ります。この100ドルをそのときの直物相場150円で売れば，1ドル当り10円，全体で1000円の利潤が手に入ります。

　先物投機の特徴は，直物投機とは異なり，少額の資金で大量の投機ができることです。先の例のように，先物投機を開始する時点では，先物契約するだけで，契約の時点で資金を用意する必要はありません。3カ月後の先物契約の決済のとき予想が当たれば，差額の1000円を受け取ればよいのです。もし予想がはずれて現実の為替レート（3カ月後の直物レート）が150円ではなく，現時点と変わらない1ドル＝130円だとすれば，1ドル当たり10円，全体で1000円の損失となります。この場合も，結果として差額の1000円だけを支払って清算すればよいのです。

　先物投機で3カ月物の先物ドルを売ったとしましょう。その3カ月になる前に当初の予測がはずれて大きな損失を被ることが予想されれば，期限がくる前に，反対方向に先物ドルを売り，損失を小さくすることができます。

裁定

　裁定についても考えてみましょう。為替相場の場合は直物相場と先物相場がありますが，いずれも通貨Aと通貨Bの間には一物一価の法則が成り立つように外為市場は働きます。もし円建てレートに，ニューヨーク市場，東京市場，ロンドン市場において，ある幅以上の差が生じれば，安いところで買って高いところで売れば必ず利潤が得られます。この利鞘を求めて大量にそのような取引が行われれば，瞬く間に各市場の相場の差がなくなり，世界的にひとつの相場が成立することになります。これは3つの通貨の為替レートの関係についても同じことがいえます。これが為替レートの裁定というものです。このような裁定を通じて各市場の為替相場は均一化される傾向をもつといいます。

　つづいて金利裁定について見てみましょう。国際間に金利差がある場合，資本が国際的に移動します。変動相場制のもとでは，為替相場が変動するため，2国間に金利差があっても，金利差分だけの収益が期待できるわけではありま

せん。

　収益を確定するためには，為替先物の契約をしておく必要があります。しかし，先物相場は必ず直物相場と一致するとは限らず，開きが生じる場合があります。この直物相場場と先物相場の間の開きを直先スプレッドといいます。2国間の金利差と直先スプレッド（直物と先物の為替レートの差）の乖離を利用して，低金利の市場で資金を調達して高金利の市場でその資金を運用し利益を稼ぐ取引のことを金利裁定といいます。金利裁定は，直物取引だけではなく先物取引に対しても影響を及ぼし，為替レート決定の重要な要因となっています。

　最後に通貨オプションについて簡単に触れておきます。オプション取引は一般的に「権利」取引のことをさしています。通貨オプションとは，定められた期間（権利行使期間）に，予め定められた価格（権利行使価格）で，ある通貨ペアを売買する権利（義務ではない）を保有者に与えるオプション契約の一種です。オプション保有者はオプションライター（オプションの売り手）にプレミアムを払って権利を取得します。通貨オプションは外国為替トレーダーが損失をカバーして利益を追求するためによく使われますが，輸出入を行う企業が為替相場変動へのリスクヘッジとして通貨オプション取引を行うケースもよく見受けられます。

9-2　短期における外国為替相場決定

　1970年代のニクソン・ショック以降，主要国が変動為替相場制を採用してから，外国為替相場がどのように決定されるかについては注目を集めるようになりました。外国為替相場は金利水準，国民所得，物価水準とともに国際収支を含むマクロ経済の調整過程で決定されるものです。外国為替相場の動きを考える場合，その長期的トレンドとしての動きと，短期的あるいは中期的な変動としての動きを分けて考える必要があります。この節では，中短期と長期に分けて，為替レートの決定のメカニズムについて学びます。

(1)　外国為替の需給均衡

　輸出入が外為相場にどのような影響を与えるかについて分析したのは，外国為替の需給均衡です。輸出は，外国為替市場における外貨の供給要因と考えられます。ここで，日米貿易を例にして考えみましょう。日本の輸出業者が米国に財・サービスを輸出し，支払いとして米ドルを受け取り，この受け取り分を円に交換するとします。

　一般に，外国為替レート e の上昇（つまり円安）は，円の対米ドル価値の低下を意味するので，輸出財・サービスの円価格が普遍で輸出品需要が弾力的であれば，輸出品のドル価格が低下すれば，輸出額は増加します。これによって受け取った米ドルの量（つまり外貨の供給量）は増えます。縦軸を為替レート，横軸を外貨の需給量をとってグラフにしてみますと，外貨ドルの供給曲線は右上がりの形状となります。

　一方で，日本の輸入業者が米国から財・サービスを輸入し，ドルを支払います。支払い用の米ドルを確保するために，外国為替市場において円を米ドルと交換する必要がありますので，輸入は外国為替の需要をもたらすと考えます。

　外国為替レート e が低下すれば，つまり円高になれば，円の対米ドル価値が上昇することになるので，輸入される財・サービスのドル価格が不変であれば，輸入品の円価格は低下することになり，輸入品需要が十分に弾力的であれば，輸入金額は増加することになります。したがって，輸入が増えれば支払いのために米ドルを購入する必要が増え，結果としてドル需要は増加することに

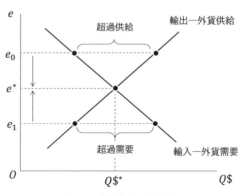

図9-1　外国為替の需給均衡

なります。そのように考えれば，外貨ドルの需要曲線は右下がりとなります。

　外国為替市場において，輸出を外貨供給要因，輸入を外貨需要要因として単純に考えれば，図 9-1 に示されたように，外国為替需給は e^* という相場で均衡します。外国為替レートが e_0 という水準にあれば，外貨の超過供給が発生しますので，結局，外国為替レート e は低下し，円高・ドル安に向かい，均衡点は e^* に戻ります。仮に外国為替レートが e_1 であれば，外貨の超過需要が発生し，この状態では安定しないので，外国為替レート e は円安・ドル高方向へ上昇することになり，均衡点は e^* に収斂します。

(2)　資産市場と外国為替相場

　外国為替需給の決定要因は，輸出入ばかりではありません。巨額の投機資金がグローバルに動き回る今日の国際金融市場をみれば，資本取引による外貨需給の方が輸出入による外為実需よりも重要であり，外国為替相場の動向をみる上で影響度も大きいといえます。こうした資産市場の条件によって外国為替相場の動きを説明しようとする考え方をアセット（またはポートフォリオ・バランス）アプローチと呼びます。このアプローチは，短期的には内外金融資産間の資産選択が為替相場を決定すると説明しました。

　海外に投資する際に考慮すべき点は，対外投資によってどの程度の収益が見込めるかとのことです。対外投資の期待（予想）収益率を R とします。期待（予想）収益率 R は，その海外資産の外貨建て期待（予想）収益率と，投資期間中の自国通貨に対する外貨価値の変化（為替差益・差損）に関する予想に依存しています。このことは9.1式のように表現することができます。

$$R = r^* + \frac{E_e - e}{e} \tag{9.1}$$

ただし，R は自国通貨建てベースで見た外国金融資産の期待（予想）収益率，
r^* は外貨ベースで見た期待（予想）収益率，
E_e は満期時の期待（予想）直物為替相場，
e は現在の直物為替相場，
となります。

　たとえば，アメリカの金融資産の期待（予想）収益率が4%，1年間投資した満期時の直物為替相場 e が5%上昇する（つまり，円安になる）ことが予想されるのであれば，円ベースでみた米国の金融資産が持つ期待（予想）収益率 R は9%となります。

　仮に予想為替相場 E_e が不変のままで直物為替相場 e が低下した（円高になった）としましょう。この場合，満期時に為替差益が見込まれるため，この外国金融資産の期待（予想）収益率 R は上昇します。期待（予想）収益率が上昇すれば，その金融資産に対する需要は増大し，結果として，外貨に対する需要量も増加することになります。したがって，外貨の需要曲線は図9-2に描かれたように右下がりとなります。

　日米の国債購入を事例に，為替レートの決定について考えてみましょう。日本の金利水準は2%，アメリカは4%としましょう。金利は債券の期待収益率に等しいから，日本の国債期待収益率は2%，アメリカ国債の期待収益率は4%になります。日米間金利格差がありますから，日本の投資家はアメリカ国債を購入しますが，日本の投資家にとって円をドルに換えてアメリカ国債を購入した場合，満期時にドルで得た利益を円に戻す必要があります。満期時の予想為替相場 E_e が1ドル＝105円で，現時点の直物為替相場 e が1ドル＝100円の水準に円高になっている場合，為替差益5%が見込まれるため，満期時の円ベースで見たアメリカ国債の期待（予想）収益率は9%となります。

　それゆえ，現在の時点で投資家がアメリカ国債を投資するため，円売りドル

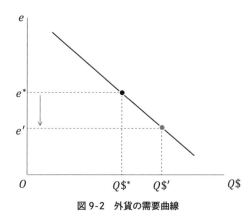

図9-2　外貨の需要曲線

買いが進みますので，現在の為替レートは次第に円安ドル高に変わっていきます。円安ドル高が進行すれば為替差益が打ち消され，やがて為替差損が生じます。そして1ドル＝107.14円になったところで，為替差損が2％となります。この時点で，円ベースで見たアメリカ国債の期待予想収益率が2％となり，日本の国債の期待収益率と同じくなりますので，この水準で為替レートが決まります。

(3) 国内貨幣供給と外国為替相場

　国内貨幣需給と外国為替相場との関係を，円と米ドルに為替相場で具体的に考えてみましょう。日本とアメリカの金融資産取引が完全に自由で金融資産相互の代替性が完全であれば，日米の期待収益率は必然的に一致しなければなりません。図9-3のように，上部の縦軸に為替レート，横軸に利子率をとります。自国通貨（円）ベースで見た外国金融資産（ドル資産）の期待収益率は図9-3の R 曲線のように右下がりとなっています。

　図9-3の下部の縦軸に貨幣需給量，横軸に利子率をとります。国内貨幣需給の均衡は図9-3の下部で示したように，実質貨幣供給量 MS_0 が実質貨幣需要 MD と一致する点 A で国内金利水準 r_0 が決定されています。この金利水準を

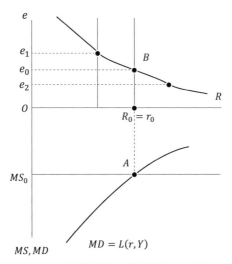

図 9-3　国内貨幣供給と外国為替相場の均衡

r_0，この時の円の期待（予想）収益率を R_0 とすれば，r_0 と R_0 が一致する点 B で均衡為替相場 e_0 が決定されるわけです。

　仮に，外国為替相場が均衡からはずれて e_1 であったとしましょう。この場合に円の期待（予想）収益率 r はドルの期待（予想）収益率 R を上回ることになり，ドル資産から円資産へと資金が流れることになります。外国為替市場において，ドルを売って円を買う円高圧力が生じます。円高ドル安が進行して，ドル資産の期待（予想）収益率が円資産の期待（予想）収益率と一致するまで円高（e の値低下）が続きます。その結果，為替相場は e_1 から e_0 に戻ります。

　また，外国為替相場が e_2 にある場合，ドルの期待（予想）収益率の方が円の期待（予想）収益率よりも高いことになり，円を売ってドルを買う円安圧力が生じ，円安（e の値の上昇）が進行することになります。その結果，為替相場は e_2 から e_0 に戻ります。

　拡張的金融政策が実施された場合，図9-4に示されたように，名目貨幣供給量 M が MS_0 から MS_1 へ増加します。このとき，貨幣供給量の増加により，MS_0 から MS_1 へ下方シフトします。その結果，自国の貨幣需給均衡点は A から C へ移動し，日本国内の金融資産の期待収益率は r_1 まで低下します。

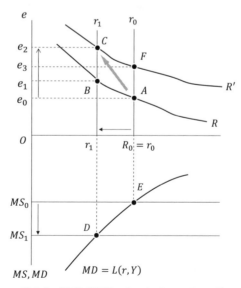

図9-4　外国為替相場のオーバーシューティング

　このときの円の為替相場は e_0 のままであれば，円ベースで見たドル資産の期待（予想）収益率 R_0 は円の期待（予想）収益率 r_1 より高い（$R_0 > r_1$）。そうなると，ドルの超過需要が生じ，内外の投機資金はドルに流れるので，円安ドル高が進行し，為替相場は e_1 で再び均衡を得るまで上昇します。

(4)　外国為替相場のオーバーシューティング

　名目貨幣供給量の恒久的増加（MS_0 から MS_1）によって，円安になるだろうと期待（予想）され，期待（予想）為替相場 E_e が上昇します。R 曲線は R から R' へ右上にシフトします。図 9-4 に示されたように，期待（予想）為替相場 E_e が変化したことによって，外国為替需給の均衡点は点 A から点 C と移り，外国為替相場は e_0 から e_2 まで，円安が一気に進みます。

　その後，物価水準の上昇により実質貨幣供給量（MS）が元の位置（MS_1 から MS_0）に戻っていきます。金利水準も上昇し r_1 から r_0 へと元の位置に戻るため，為替相場は円高に進みますが，国内貨幣需給の均衡が元の点 E に戻っても，R 曲線が R' へシフトしたので，為替相場は元に戻りません。点 F の均衡為替相場は e_3 となります。これが外国為替相場のオーバーシューティングと呼ばれる現象です。

9-3　長期における外国為替相場決定

(1)　購買力平価説

　外国為替相場は長期的には各国通貨の対内購買力の比すなわち購買力平価によって決定されます。この考え方はスウェーデンの経済学者カッセル（Karl Gustav Cassel: 1866-1945）によって提唱されたもので，購買力平価説と呼ばれています。購買力平価（purchasing power parity：PPP）とは，ある国である価格で買える商品が他国ならいくらで買えるかを示す交換レートのことです。価格の情報が十分に与えられる完全競争の市場経済において，海外でも国内でも，同じ商品の価格は同じ価格で取引されるはずです。購買力平価説の背後にあるのは「一物一価の法則」です。

　今，ある財・サービスの価格は自国市場では P 円，外国市場出は価格を P^*

ドルとしましょう。購買力平価にもとづくと，外国為替レート e は 9.2 式のように，

$$e = \frac{P}{P^*} \tag{9.2}$$

となります。

　9.2 式は購買力の比率，すなわち日本では 1 円でどれだけの財・サービスが買え，アメリカでは 1 ドルでどれだけ買えるかを示しています。たとえば，アメリカでは 1 ドルで買えるハンバーガーが日本では 140 円で買えるとしましょう。1 ドルと 140 円では同じハンバーガーが買えますので，1 ドルと 140 円の購買力は等しく，為替レートは 1 ドル＝140 円が妥当だと考え，為替レートは 2 国間の通貨の購買力によって決定されます。この考え方を「絶対的購買力平価説」といいます。

　「絶対的購買力平価説」に対して，購買力そのものではなく，外国為替相場の変化率と物価上昇率格差とが一致すると考える説があります。この考え方を「相対的購買力平価説」といいます。具体的には，ある国の物価上昇率が他の国より相対的に高い場合，その国の通貨価値は減価するため，為替レートは下落するという考え方です。これを式で表すと，9.3 式のように，

$$\frac{\Delta e}{e} = \frac{\Delta P}{P} - \frac{\Delta P^*}{P^*} \tag{9.3}$$

外国為替相場の変化率＝自国の物価上昇率－外国の物価上昇率，となります。

　9.3 式の $\Delta e/e$ を $(e_t - e_{t-1})/e_{t-1}$ に，$\Delta P/P$ を $(P_t - P_{t-1})/P_{t-1} = \pi_t$ に，$\Delta P^*/P^*$ を $(P_t^* - P_{t-1}^*)/P_{t-1}^* = \pi_t^*$ に書き換えておけば，次の 9.4 式，

$$\frac{e_t - e_{t-1}}{e_{t-1}} = \pi_t - \pi_t^* \tag{9.4}$$

が得られます。

　購買力平価説の考え方は外国為替相場の変動を長期的に捉えて説明するには比較的高い有効性をもつと考えますが，短・中期的に見ると，為替レートは購

買力平価レートから大きく乖離しうると考えます。したがって，購買力平価説は短・中期の為替レートの方向性を示唆するものではないことに留意しましょう。

(2)　マネタリー・アプローチ

　購買力平価説の考え方を踏襲して各国の物価変動の差異が外国為替相場の変動を決定する主な要因だと捉え，その物価変動の違いが自国と外国における通貨の需給バランスによって生じたとする考え方をマネタリー・アプローチといいます。

　この考え方は完全雇用状態の所得水準や物価の伸縮性，つまり物価が硬直的ではなく即時に調整されるといった前提をもっているため，購買力平価説と同じように長期の為替相場理論として理解されます。

　貨幣需要を L，自国の名目貨幣供給量を M，自国の物価水準を P，自国の国民所得 Y を，利子率 r をとします。外国の名目貨幣供給量，物価水準，国民所得，利子率をそれぞれ M^*，P^*，Y^*，r^* とします。自国と外国の実質貨幣の需給均衡を以下のように表せます。

自国： $\dfrac{M}{P} = L(r, Y)$

外国： $\dfrac{M^*}{P^*} = L(r^*, Y^*)$

さらに，自国と外国の物価水準に書き直しますと，

自国の物価水準： $P = \dfrac{M}{L(r, Y)}$

外国の物価水準： $P^* = \dfrac{M^*}{L(r^*, Y^*)}$

となります。

　購買力平価説の考え方にもとづいて外国為替相場を求めますと，外国為替レート e は，

$$e = \left(\frac{M}{L}\right) \Big/ \left(\frac{M^*}{L^*}\right) = \left(\frac{M}{M^*}\right) \Big/ \left(\frac{L^*}{L}\right) \tag{9.5}$$

9.5式のようになり，貨幣の相対供給と相対需要の積として示すことができます。これがマネタリー・アプローチです。

　このマネタリー・アプローチから，自国の名目貨幣供給量 M の増加は他の条件を一定とすれば，自国の物価水準 P の上昇をもたらし，その結果として外国為替市場において自国通貨安が生じ，外国の名目貨幣供給量 M^* の増加は自国通貨高（e の低下）をもたらすことがわかります。

　しかし，流動性選好は利子率の減少関数，国民所得の増加関数ですので，以下の9.6式のように，書き直すことができます。

$$e = \left(\frac{M}{L}\right) \bigg/ \left(\frac{M^*}{L^*}\right) = \left(\frac{M}{M^*}\right) \bigg/ \left(\frac{L^*(r^*, Y^*)}{L(r, Y)}\right) \tag{9.6}$$

　この9.6式にしたがえば，自国の利子率水準 r の上昇や国民所得 Y の低下は自国の貨幣需要 L を減少させ，その結果として自国の物価水準 P の上昇をもたらし，これらもまた自国通貨安の要因になっていることがわかります。

　このマネタリー・アプローチは購買力平価説を前提としているため，購買力平価説の問題点がそのまま当てはまります。また，金利（利子率）と外国為替相場の関係を考えると，一般に自国の金利（利子率）上昇は資本流入をもたらし，自国への資金流入が増加する結果として，自国通貨需要が増加し，それが自国通貨高をもたらすというシナリオを描きます。しかし，マネタリー・アプローチによって外国為替市場をみれば，こうした通説とは逆に「自国金利の上昇が自国通貨安をもたらす」ことになります。このマネタリー・アプローチの問題点にも留意しておきましょう。

(3)　フィッシャー効果

　相対的購買力平価説が正しいとすれば，人々は外国為替相場がインフレ格差に等しくなると予想するはずです。インフレの存在を考慮する場合には，「名目利子率」と「実質利子率」を区別する必要があります。名目利子率とは，我々が普通に日常生活で見聞する金利のことを指している。実質利子率とは，名目利子率から予想されるインフレ率（あるいは期待物価上昇率）を差し引いて得られる値です。また物価の変動については，人々の予想（期待）がかかっ

ています。

イェール大学のアーウィング・フィッシャー（Irving Fisher: 1867-1947）は，名目利子率，実質利子率，期待インフレ率（期待物価上昇率）の間の関係を，「実質利子率＝名目利子率−期待インフレ率」のように示しました。この式を変換すると，「名目利子率＝実質利子率＋期待インフレ率」になります。名目利子率が一定であれば，期待インフレ率が上昇すると，名目利子率も上昇することになり，実質利子率の低下につながります。これを「フィッシャー効果」と呼びます。

相対的購買力平価説を前提として外国為替相場の変化率がインフレ率格差を相殺すると考えれば，金利格差とインフレ格差が等しくなるということです。言い換えますと，他の条件が変わらないとして，ある国の期待（予想）インフレ率が上昇すれば，長期的には，その国の金利水準が同一レートで上昇するということになります。

図9-5は，フィッシャー効果，相対的購買力平価説，金利平衡条件の3者の関係を示しています。これは，長期的な外国為替相場の推移，物価水準，金利水準をみる上でこの関係は非常に重要です。

図 9-5　外国為替，物価，金利の長期的関係

第10章

外国為替相場の経済への影響

10-1　外国為替相場の変動と市場介入

(1)　外国為替相場の変動とその影響

　為替レートの大幅な変動は，貿易や海外投資を行っている企業の活動に大き
な影響を及ぼしています。海外に商品を輸出したり，海外から商品を輸入した
りしている企業にとって，為替レートの変動によるリスクをいかに回避するか
が重要な経営課題となります。為替の動きを利用して為替投機で為替差益を得
た企業もあれば，為替リスクの管理に失敗して大幅な為替差損を被る企業もあ
ります。為替レートの先行きを読むことはきわめて難しいことで，為替投機に
リスクがともないます。為替差損による巨大損失の例として，1980年代前半
の円安・ドル高局面で日本の石油会社の出した為替差損，プラザ合意以降の円
高・ドル安局面で保険会社などの機関投資家の出した為替差損，そして90年
代の昭和シェル石油や日本航空などの先物予約にともなう為替差損があげられ
ます。

　一方，多くの企業は海外に製品を輸出し，原材料を海外からの輸入に頼って
います。また，海外市場で積極的に資金調達をする企業も多くあります。企業
の外国為替市場での行動は為替レートの動きに影響を及ぼします。ドル資産を
多く持っている企業は，為替レートが円高ドル安になれば，大幅な為替差損を
被ることになるから，為替市場にドル安の動きをキャッチしたら，自己防衛の
ためにドル資産を売却しようとします。そうなれば，外国為替市場において，
円高ドル安の思惑が広がり，防衛のためにドル資産を売り始めると，実際にド
ル相場が下がり始めます。貿易などによる外貨の「実需」よりも，国際的な資
金移動によって生じる「為替取引需要」の方が圧倒的に大きいので，その思惑

が現実の為替レートを動かす引き金にもなりえます。

為替レートの動きを予想する上で一番大切なことは，他の人が為替レートの動きについてどのような見通しを持っているかを素早く察知することです。そして，そのような市場の動きに乗り遅れないように，素早く対応することです。外国為替市場は，ケインズ (John Maynard Keynes: 1883-1946) がいう「美人投票」の場のような特徴をもちます。為替ディーラーたちは，世界中から流れてくるのニュースやマーケット情報を素早くキャッチして，同時に顧客や他の金融機関がどのような売買状況にあるかを観察し，市場取引動向を予想しながら外為取引を行っています。いち早く市場の動きに対応できるものは勝ち抜き，乗り遅れたものが大きな損失を被ることになります。その意味では，必死に美人投票を行っているようなものです。

「美人投票」は一種の為替リスク回避策と捉えられます。美人投票とは，ケインズの著書『雇用・利子・貨幣の一般理論』の中で述べられた投資方法のことです。だれが一番美人だと思うかを投票させ，一番得票の多かった人に投票した人に賞金を出すというゲームです。このゲームに勝つには，自分が美人だと思う人に投票するのではなく，他人が美人だと思うかもしれない人に投票しなくてはなりません。あるいはもう少し深読みして，みんなが他人の投票行動にどういう予想を立てているのかを予想しなくてはなりません。ケインズは，株式投資を美人投票に見立て，自分がいいと判断する銘柄ではなく，みんながいいと判断する銘柄を購入することが，もっとも有効的な投資方法だと指摘しました。これは為替取引についても適用されると考えます。

(2) 外国為替市場介入の必要性

なぜ，政府は外国為替市場に介入するのでしょうか。すでに述べたように，為替レートは大きく変動するものであり，そのような為替変動は貿易や国際投資活動に大きな影響を及ぼしています。為替レート変動によって経済主体が被害を被ることになりますので，急激な変動による為替リスクを軽減するために，為替介入（外国為替市場介入）が行われることがあります。日本を例にしますと，急激な円高が進行すれば，日本の輸出製品の海外での価格は高くならざるをえません。その分，日本企業の国際競争力は低下するになりますから，

こうした事態を防ぐため，介入が行われます。逆に円安が急速に進行すると，海外から輸入される商品の価格が急速に上昇していきます。好ましくない円安があまり急激に進むと，物価上昇や輸入インフレなどが生じる恐れがあります。この場合にも，政府による外国為替市場への介入があります。

　実際に，2022 年 9 月に入って，円安が急速に進み，外国為替市場で対ドルの円安一服を見込む声が増え，政府・日銀は 2022 年 9 月 22 日に 24 年ぶりとなる「ドル売り・円買い」の為替介入を実施しました。市場では為替介入した 1 ドル＝145 円が節目として意識され，オプション市場では円安への備え以上に，急な円高に対して警戒が強まっていました。

(3)　為替介入と不胎化政策

　政府による外国為替市場への介入（為替介入）はどのような形で行われ，経済にどのような影響を及ぼすのでしょうか。為替介入は，正式名称を「外国為替平衡操作」といい，為替相場の急激な変動を抑え，その安定化を図ることを目的としています。

　為替介入とは，政府自身（政府と中央銀行）が市場で外貨であるドルを売ったり買ったりすることです。日本の場合，為替介入の実際のオペレーションは日本銀行によって行われていますが，介入の決断や指示は財務省によって行われています。ドルを売ることで市場でのドル価値（為替レート）を下げ，あるいはドルを買うことで市場でのドル価値を上げることを狙います。為替介入は，財務省所管の「外国為替資金特別会計（外為特会）」の資金を用いて行われ，「ドル買い・円売り」の場合は，日本銀行が民間銀行のドルを吸い上げ，それと見返りに民間銀行に円を支払うことで，民間銀行が持っていたドルの預金が，日本銀行（政府の代理として外貨を扱う）名義の口座に移され，日銀から民間銀行への貨幣供給が増えることになります。

　急激な円安に対応し「ドル売り・円買い介入」を行う場合は，外為特会の保有するドル資金がドル売り原資となり，日銀は外為特会のドルを民間銀行に売り，同時に円を買い入れる為替取引を行います。民間銀行は，日銀から買ったドルを市場に売り，日銀に売る円を市場で買うので，ドル円レートがドル安・円高に振れやすくなりますが，市場の貨幣供給量（マネーストック）が減少し

ます。

　このように，政府がドル売りを行えば，それに応じた額の円が市中銀行から政府（中央銀行）に流れ，それに応じて国内の円の供給量が減少します。逆にドル買い介入を行えば，それに応じた額の円が中央銀行から民間銀行に出ていき，国内の貨幣供給量は増大します。為替介入は外国為替市場だけでなく，国内の金融市場やマクロ経済にも影響を及ぼします。政府や中央銀行はしばしば，為替介入が国内の貨幣供給量に影響を及ぼさないように配慮し，あるいは，そうなるような仕組みが経済のなかに組み込まれます。図10-1は，「ドル売り・円買い」の為替介入の仕組みを示しています。日本銀行が外国為替市場で「ドル売り・円買い」介入を行う場合，そのままでは国内の貨幣供給量を減少させてしまうため，金利の変動要因となります。それを防ぐため日銀が国債などの買いオペを同時に行い，円の供給残高を相殺します。これが不胎化介入です。

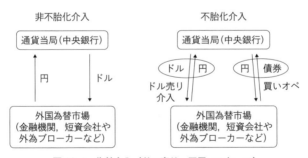

図10-1　為替介入（ドル売リ・円買いのケース）

　これに対して，非不胎化介入は通常の為替介入の手法のひとつで，自国通貨の放出（または吸収）による通貨流通量の増加（または減少）を容認しつつ行う介入のことです。国債などの売りオペ（または買いオペ）を行わないので，不胎化介入より介入の効果が高いといわれています。

(4)　協調介入

　一国の通貨当局による単独の外国為替市場介入ではなく，2カ国以上で同時期に共同して為替介入を実施することがあります。1カ国が単独で介入を実施する場合よりも，介入の規模が大きくなるため，外国為替相場への影響力はよ

り大きなものになります。協調介入が実施される場合，先進 7 カ国財務相・中央銀行総裁会議や主要国首脳会議などの国際会議や財務大臣会合で話し合われることが多く，外国為替市場への影響力を強めるために，協調介入を行うと同時に金融政策なども協調して行われることがあります。

　先進国政府による市場介入の一大事例として，1985 年 9 月のプラザ合意にもとづく協調介入があげられます。それまでドル高・円安の基調で来ていた国際通貨情勢が，1985 年前半から，ドル高修正の動きはあったものの，共同宣言によって一気にドル安・円高の方向への動きを強めました。

　協調介入の興味深い点は，市場の予想を大きく転換させる上で，介入政策あるいはそのような政策をとるというメッセージが果たした役割です。プラザ合意までは，市場参加者のほとんどが明らかにドル高を認識しており，いずれこのドル高は修正されると予想していましたが，その転換点がどこになるかを読みかねていたと思われます。そのようなとき，先進主要国の政府が確固たる介入の姿勢を見せ，それが引き金となって市場の予想がいっせいにドル高修正に移行し，実際にもドル安方向へと為替レートが動いたのです。

　このように，協調介入には，介入そのものの効果だけでなく，それによって市場の参加者の予想に影響を及ぼすという効果もあります。世界経済のグローバル化が深化し，一国の為替相場の問題が世界経済の問題と連動している今，主要国通貨当局が連帯して市場の安定に向けて協調することの意義は極めて大きいと考えられます。

10-2　為替相場変動の実体経済に与える影響

　開放経済体系において，外国為替相場の変動は輸出入を通じて国民所得に影響を与えています。自国通貨安（たとえば円安）は輸出に有利，輸入に不利，自国通貨高（たとえば円高）は輸入に有利，輸出に不利とされています。

　通貨の切り下げ（たとえば，円安）は，外国居住者による輸出需要量を増加させ，輸入量を減少させ，その結果，貿易収支を改善させる方向に働きます。一方，通貨の切り下げによって，1 単位当たりの輸入品コストが自国通貨建てで上昇するため，貿易収支の悪化につながるもうひとつの要素も存在します。

　この問題については，マーシャル・ラーナーの安定条件で議論されます。

　通貨の切り下げによって貿易収支が改善するだけの大きさはありますが，それには十分な時間の経過を必要とします。短期的にはむしろ貿易収支はしばしば悪化すると考えられます。このような現象はJカーブ効果によって説明されます。この節では，主に以上の内容を中心に解説進めていきます。

(1)　実効為替レート

　第8章では，名目為替レートと実質為替レートについて説明しましたが，ここでは，実効為替レートについてみていきましょう。実効為替レートとは，ある国の通貨は他通貨に対し総合的にどのような動きをしたかを知るために作られ，ある国の通貨につき関係の深い複数の貿易相手国との為替相場をその貿易量で加重平均して算出した為替相場です。通常一定基準時点からの相場の変動を指数化した為替相場指数で示されます。

　円の為替レートはドルに対して上がっていても，対ユーロでは下がっているかもしれませんから，平均して日本の通貨は世界全体に対して上がっているのか下がっているのか，上がっているとすればどのくらいかを知る必要があります。このような目的で計算されるのが実効為替レートです。これは日本と貿易をしている複数の国々の通貨と円との間の為替レートの加重平均を求めることによって得られるものです。

　たとえば，日本の貿易相手国はA国とB国の2カ国で，世界はA国，B国と日本の3カ国から成り立っているとしましょう。このとき，実効為替レートは以下のように示されます。

　実効為替レート＝
　A国通貨名目為替レート上昇率（％）× A国の貿易シェア（％）
　＋B国通貨名目為替レート上昇率（％）× B国の貿易シェア（％）

　A国の日本の貿易シェアは60％，B国の日本の貿易シェアは40％とします。もし円とAの通貨との名目為替レートが1年後に10％上昇して，円とBの通貨との名目為替レートが10％下落したとすれば，円の世界（A，B両国）に対する為替レートは2％上昇したことになります。すなわち，

$$(10\%) \times (60\%) + (-10\%) \times (40\%) = 2\%$$

となります。

　実効為替レートにも名目と実質があります。上の例では，名目為替レートを使用しています。為替レートが変動する前の名目実効為替レートを指数 100 として，上の例において 1 年後の同為替レートの指数は 102 となります。名目為替レートの加重平均で計算したので，これは名目実効為替レートの指数となります。もし実質為替レートの変動で加重平均を計算するとすれば，結果として得られるのは実質実効為替レートです。

　実効為替レートは，特定の 2 通貨間の為替レートをみているだけでは分からない為替レートレベルでの対外競争力を単一の指標で総合的に捉えようとするものです。具体的には，円と主要な他通貨間のそれぞれの為替レートを，日本と当該相手国・地域間の貿易ウェイトで加重平均したうえで，基準時点を決めて指数化する形で算出します。これが名目実効為替レートです。

　なお，日本では，ある外貨 1 単位に対する日本円の価格を表示する「邦貨建て名目為替レート」（たとえば，1 米ドルに対して日本円が 100 円と表示される為替レート）が一般的ですが，この実効為替レート（名目・実質）の作成にあたっては，日本円の 1 円に対する外貨の価格，つまり外貨建て名目為替レート（1 米ドルが 100 円の場合，1 円 = 0.01 米ドル，つまり 1 米ドル/100 円と表示する為替レート）を使用しています。このため，実効為替レート（名目・実質）は，指数が大きくなった場合が「円高」，小さくなった場合が「円安」を示しています。

(2)　弾力性アプローチ

　外国為替相場の動向が価格調整を通して輸出入に与える影響を重視しながら，「貿易収支」動向を分析しようとする考え方を弾力性アプローチと呼びます。

　自国財の価格を P，外国財の価格を P^* とします。ここでは，自国財と外国財の価格が変化しないと仮定します。外国為替市場において自国通貨の価値の下落（為替レート e の上昇）が貿易収支に与える影響を見ていきましょう。為

替レート e が上昇すると，自国財の外国での価格（P/e）が下落しますので，自国財の相対価格（P/eP^*）が下落し，輸出量 EX は増加しますが，どの程度増加するかは，輸出財の価格弾力性（自国財に対する外国需要の弾力性，あるいは外国の輸入の価格弾力性）に依存します。

　輸出量を EX，為替レートを e，輸出財の価格弾力性を η_X とすれば，輸出の価格弾力性 η_X は以下 10.1 式のように書けます。

$$\eta_X = \frac{\Delta EX/EX}{\Delta e/e} \tag{10.1}$$

為替レートの上昇は輸入にどのような影響を与えるのでしょうか。為替レートの上昇により，輸入価格は高くなり，輸入量は減少しますが，輸入財の価格弾力性（外国財に対する自国需要の弾力性）に依存します。輸入量を IM，為替レートを e，輸入財の価格弾力性を η_M とすれば，輸出財の価格弾力性 η_X は以下 10.2 式のように書けます。

$$\eta_M = \frac{\Delta IM/IM}{\Delta e/e} \tag{10.2}$$

　一般に，外国為替市場において自国通貨の価値が下落（為替レート e が上昇）しますと，外国製品は自国にとって高くなると同時に，自国製品は外国にとって安くなります。そのため輸出数量が増加し輸入数量が減少するので「貿易収支」は改善すると考えられています。しかし，自国通貨安が「貿易収支」を改善するためには，こうした数量変化が自国通貨安による輸出入価格の変化を十分に上回ることが必要です。なぜなら，輸出数量が増加しても外貨で測った 1 単位当たりの輸出金額が自国通貨高によってそれ以上に低下していれば，輸出金額が増加するとは限らないからでです。つまり，外国為替市場における自国通貨安が貿易収支を改善するためには，外貨で測った自国財価格の低下分を補うだけの数量変化が必要になるということです。

　言い換えれば，自国通貨安が輸出増大もしくは輸入減少に結びつき，その結果として貿易収支を改善させるには，自国財に対する外国需要の弾力性 η_X と外国財に対する自国需要の弾力性 η_M が十分に大きくならなければなりませ

ん。当初，輸出と輸入の均衡が成立している場合，輸出財の価格弾力性を η_X と輸入財の価格弾力性を η_M の和が 1 より大きく，つまり，

$$\eta_X + \eta_M > 1 \tag{10.3}$$

ならば，実質為替レートの上昇は貿易収支を改善させることになります。

　この不等式の 10.3 式は提唱者の名を冠して，マーシャル・ラーナー条件 (Marshall-Lerner condition：ML 条件) と呼びます。ML 条件が満たされていれば，自国通貨高は貿易収支を悪化し，自国通貨安は貿易収支を改善させることになります。

　すでに説明したように，実質為替レートは円建ての名目為替レート×ドル建ての外国の輸出価格÷円建ての自国の輸出価格として定義されています。それはまた自国通貨（円）で測った外国の物価水準÷自国の物価水準と同じ概念です。これは外国製品の価格を自国製品と比べられるように，自国通貨（円）建てに換算したものです。分母の自国の物価水準は円建てベースですから，分子の外国製品の価格が自国製品のそれに比較して相対的にどれくらいになるかを示しています。したがって，実質為替レートは相対価格の一種で，輸出財と輸入財の交易条件として，以下のように表せます。

　交易条件＝
　自国通貨建て測った輸出財の価格 / 自国通貨建て測った輸入財の価格

　交易条件は計算上では輸出財と輸入財の価格指数が使われています。簡単な設例をもってアメリカと日本が互いに自動車を輸出し合っている場合を考えてみましょう。

　アメリカの自動車は 1 台 1 万ドルとし，日本車は 1 台 100 万円としましょう。このときの名目為替レートが 1 ドル＝140 円であれば，相対価格は 140 円×1 万ドル/100 万円＝1.4 となります。それは，アメリカ車 1 台が 1.4 台分の日本車と交換できることを意味します。もし，名目為替レートが 1 ドル＝200 円になれば，相対価格が 1.4 から 2.0 へ上昇する。そうなれば，1 台のアメリカ車は 2 台の日本車と交換することが可能となり，アメリカの消費者から見れば，日本車は買い求めやすくなります。

　以上の設例では，為替レートが1ドル＝140円から1ドル＝200円に，つまり円安が進行するとしました。交易条件で見ると，自国通貨ベースで見た輸出財価格が相対的に高くなり，交易条件が改善したといいます。交易条件が改善するということは，自国通貨建て（円ベース）で測った輸出財価格が相対的に高くなり，外国通貨建てで測った（ドルベース）輸出財価格が相対的低下することを意味します。ML条件が満たされていれば，交易条件の改善によって輸出量が増加し，「貿易収支」を改善することになります。

(3)　Jカーブ効果

　為替レートの変化によって輸出財と輸入財の価格がともに変化し，それにより需要も変化します。為替レート e が上昇すれば（円安），輸出は増大し輸入は減少するため，その国の貿易収支は黒字の方向へ動くはずですが，しかし，それはすぐには改善しません。なぜなら，価格が変化しても消費者行動がすぐに変わらないからです。つまり，貿易国双方の輸入財の価格弾力性は為替レート変化の直後は小さく，時間が経過するとともに徐々に大きくなっていきます。したがって，貿易収支は一時的にむしろ悪化したのち改善に向かうのでしょう。これがJカーブ効果と呼ばれる現象です。

　為替レートが円安方向に動いた場合，しばらくの間は貿易収支の悪化を招きます。貿易国双方の輸入財に対する需要が反応していき，いわば輸入財の価格弾力性が弾力的になれば，貿易収支が徐々に改善していきます。図10-2はこのような貿易収支の推移を示しています。自国の為替レートが上がれば（円

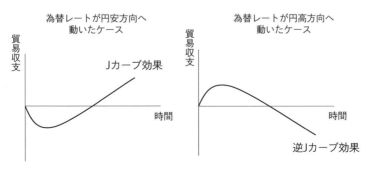

図10-2　Jカーブ効果

高)，経常収支の変化は円安時とは逆で，一時的に改善しますが，後には悪化することになります。これは逆Jカーブ効果と呼ばれています。

(4) 為替レートの変動と経常収支

　最後に，為替レートの変動の経常収支へのインパクトについて触れておきます。国際収支の構造からわかるように，経常収支は貿易・サービス収支，第一次所得収支，第二次所得収支の合計となります。1985年9月の「プラザ合意」を機に急激な円高が進み，日本経済が「円高不況」に見舞われました。一般的に貿易・サービス収支が悪化し経常収支も悪化することになりますが，日本の国際収支の推移から読み取れたのは，経常収支は常に黒字を維持してきたという事実です。先行き不安の中で，消費者は消費を抑えて貯蓄を増やし，輸出企業も設備投資を減らします。このことによって，民間の貯蓄超過が発生します。一方，不況で国内需要が落ち込んだとき，企業が輸出市場に捌け口を求めて，価格を下げるなどして販売攻勢をいっそう強める傾向があります。その結果，民間の貯蓄超過と相俟って，経常収支黒字が維持されたでしょう。

　そして1990年代半ば以降，企業生産活動のグローバル化が進み，円高に伴って企業の生産拠点の海外移転が加速しました。海外投資とりわけ直接投資収益分による所得収支の黒字が増えつつ，もはや第一次所得収支を無視して経常収支を議論することができなくなります。今や貿易・サービス収支に比べ，海外投資の収益分による所得収支の黒字の増加が経常収支の黒字を支えているともいえます。

　円安が進行した場合，輸出企業にとって海外で稼いだ外貨をより多く円に転換でき，企業の売り上げも円安の分だけ増えることになり，業績にも良い影響が与えます。また，円安になると輸出する製品を安く設定できるので，円安によって輸出は幾分増えるでしょう。しかし，急激な円安によってエネルギー資源や原材料などの価格も上がってしまうため，輸入コストが膨れ上がるに伴って物価が上昇します。また，輸入金額が増加すれば貿易収支のパフォーマンスが悪化し，貿易赤字が定着します。海外生産の増加や海外投資の収益分は所得収支の増加といった形で，経常収支は黒字が維持されてきましたが，円安の定着によって産業の国内回帰が進み，その分の所得収支が減ります。円安のマイ

ナス影響は経常収支にとどまらず，私たちの生活を圧迫するかもしれないこと
にも留意しておきましょう。

158

索　引

著者紹介 (五十音順)

井尻 直彦 (いじり・なおひこ)

日本大学経済学部教授。
公益財団法人重田教育財団・理事，NPO 法人貿易障壁研究所（RIIT：リット，https://riit.or.jp/）所長。
博士（商学）（関西学院大学大学院商学研究科）。
第 2・3・4 章を担当。

羽田　翔 (はねだ・しょう)

日本大学法学部准教授。
日本大学大学院総合社会情報研究科博士後期課程修了。
博士（総合社会文化）（日本大学大学院総合社会情報研究科）。
第 5 章を担当。

前野 高章 (まえの・たかあき)

日本大学通信教育部教授，日本大学大学院総合社会情報研究科教授。
日本大学大学院経済学研究科博士後期課程満期退学。
博士（経済学）（中央大学大学院経済学研究科）。
第 1・5・6 章を担当。

陸　亦群 (りく・ゆうぐん)

日本大学経済学部教授，日本大学大学院総合社会情報研究科教授。
日本大学大学院経済学研究科博士後期修了。博士（経済学）。
第 7・8・9・10 章を担当。

国際経済学入門

2023 年 4 月 1 日第 1 版第 1 刷発行　　　　　　　　　　　検印省略

著　者——井尻直彦・羽田　翔・前野高章・陸　亦群

発行者——前野　隆
発行所——株式会社 文眞堂
　　　　　〒162-0041 東京都新宿区早稲田鶴巻町 533
　　　　　TEL：03（3202）8480 / FAX：03（3203）2638
　　　　　HP：https://www.bunshin-do.co.jp/
　　　　　振替 00120-2-96437

製作……美研プリンティング